GAOXIAO SHEBEI DANG'AN XINXIHUA JIANSHE YANJIU

高校设备档案信息化建设研究

随凤华◎著

天津出版传媒集团
天津古籍出版社

图书在版编目（CIP）数据

高校设备档案信息化建设研究 / 随凤华著 . — 天津：
天津古籍出版社，2023.6
ISBN 978-7-5528-1356-2

Ⅰ. ①高… Ⅱ. ①随… Ⅲ. ①高等学校—档案管理—
信息化—研究 Ⅳ. ① G647.24

中国国家版本馆 CIP 数据核字（2023）第 104991 号

高校设备档案信息化建设研究
GAOXIAO SHEBEI DANG'AN XINXIHUA JIANSHE YANJIU

随凤华 / 著

出　　版　天津古籍出版社
出 版 人　张　玮
地　　址　天津市和平区西康路 35 号康岳大厦
邮政编码　300051
邮购电话　（022）23517902

责任编辑　张福寅
封面设计　刘　畅

印　　刷　北京联合互通彩色印刷有限公司
经　　销　全国新华书店
开　　本　710 毫米 ×1000 毫米 1/16
印　　张　13.375
字　　数　165 千字
版次印次　2023 年 6 月第 1 版　2023 年 6 月第 1 次印刷
定　　价　68.00 元

前言

preface

档案工作既是党和国家事业发展不可缺少的一项基础性、支撑性工作，也是维护党和国家历史真实面貌的重要事业。

近年来，随着中国高等教育的快速发展，用于满足高校教学科研工作需要的投资不断增加，高校教学和科研设备也越来越多，高校档案管理作为高校管理和建设的重要平台，对高校发展起着重要作用。

高校设备档案是高校档案的重要组成部分，它在高校档案中具有重要地位，近年来，为适应我国高等教育的快速发展，高校的教学、科研工作需要的资金不断增加，所需设备也越来越多。因此，做好高校设备档案管理工作对高校的发展有着重要作用。但从目前高校档案管理工作的整体情况来看，还存在一定的问题。设备档案管理信息化使用率低，甚至还有一些高校沿用传统的封闭式管理，用最原始的纸质档案进行存储，很难有效地进行设备信息的共享交流，从而使设备的共享效率低，造成资源浪费。因此，在新的时期，如何科学精准管理，如何充分利用教学、科研设备，如何提高设备的使用率，发挥其应有的作用和价值，是目前高校亟须解决的问题。

档案设备的管理水平直接关系到学校固定资产的安全性、完整性，以及对资产的合理处置和有效使用。与此同时，高校档案工作逐渐开放，从重保管转向重服务，从纸质化转向信息化和数字化。在此背景下，深入研究高校设备档案的信息化建设，做好高校档案的服务工作，及时向领导、师生、社会提供有价值的信息，在“互联网+”背景下，迎接科技发展的新趋势、新浪潮，深刻档案信息化管理的价值，是每一位高校档案管理人员应该深思的课题。

目前，高校发展势头迅猛，更需要档案工作者乘势而上，勇立潮头，探索新理念，促进新发展，更好地服务于高校的改革发展，服务于学校中心工作，服务于国家和地方建设。高校档案界应牢记“为党管档、为国守史、为民服务”的使命，不忘立德树人的初心使命，不忘来路，不忘归处，在改革发展进程中贡献自己的力量。

由于作者水平有限，加上时间仓促，在撰写中难免有疏漏之处，恳请高校档案管理者提出宝贵意见！

随凤华

2023年3月

目录

contents

第三章 高校设备档案管理现状

第四章 新时代高校设备档案管理策略

Unit One

第一章 绪 论

一、研究目的

档案是党和国家的宝贵财富，档案管理工作是重要的专业事业，是实现社会主义现代化建设，开展社会研究的必要条件。教育乃立国之本，在社会主义新时代，高校的发展备受瞩目，高校档案是高校发展的重要环节，它记录了高校发展的历程，蕴藏着丰富的信息资源，是高校全体师生智慧和经验的结晶，是展现高校教学、科研、管理等各方面工作水平的重要佐证。

高校档案包含了大量学术性较强的课程教学、科研资源信息，汇集了许多优秀的科学、艺术和文化成果，高校的档案资源具有较高的技术开发和综合利用价值。随着中国经济社会的快速进步以及网络与大数据应用的飞速发展，高校的传统档案管理方式及服务方式已经不能满足高校及社会的需要。探索高校档案管理的变革和创新，进一步完善高校的档案信息化管理，充分发挥高校的档案资源利用率，是当前我国高校档案工作者亟须面对的问题。

高校设备档案是高校档案工作和国有资产管理工作的重要组成部分，设备档案见证了高校的建设与发展，为优化资源配置以及国有资产管理工作提供了合理依据和原始资料。高校设备档案管理工作是高校重要的基础工作之一，在高校发展中起着举足轻重的作用。随着高校规模的不断扩大以及教学科研水平的不断提高，高校对科研和教学设备的需求也与日俱增，对设备档案的管理工作也变得日益烦琐，因此，通过数据分析，运用信息化的管理手段管理设备档案对学校国有资产管理和使用具有现实意义。随着高校不断深化改革，高校设备档案管理工作面临着前所未有的机遇和挑战，如何适应社会主义新时代和高校改革发展的需要，如何适应信息化、数字化时代的发展，运用互联网思维，做到与时俱进、优化创新，提高高校设备档案管理工作的水平，是目前高校档案管理工作的重要部分。

二、研究背景

2021年中共中央办公厅、国务院办公厅印发了《“十四五”全国档案事业发展规划》（以下简称《规划》）。《规划》中首先指出了我国“十三五”时期的发展成效，档案资源更加丰富多样，重点领域、重大活动、重大事件、重大项目建档工作卓有成效，档案资源结构更加合理，全国档案馆馆藏较“十二五”增长了38.9%。档案公共服务能力持续提升，档案跨区域、跨部门查阅利用积极推进，档案惠民、助农服务更加便捷。

档案信息化建设加快发展，建成了一批高水平的数字档案馆（室），电子文件归档和电子档案管理工作均取得了重要成果，电子会计档案单套制管理也取得了良好效果。档案安全风险评估和排查工作不断强化，档案实体安全与信息安全保障能力进一步提升。档案人才队伍建设取得进步，人才培养力度持续加大，档案专业人员继续教育工作更加系统，职称评定工作更加科学。同时也指出了我国“十四五”期间的档案问题也日益凸显，档案工作对党和国家各项事业的基础性、支撑性作用更加突出，档案事业的发展处于重要战略机遇期，同时也面临着严峻的挑战。社会主义法治国家建设和新修订档案法的施行，迫切要求深化依法治档、提高档案治理的能力和水平。人民生活水平显著提高，对档案信息、档案文化的需求日益增长，迫切要求加快档案开放、扩大档案利用、提供优质高效服务。新一代信息技术的广泛应用，档案工作的环境、对象、内容发生了巨大变化，迫切要求创新档案工作理念、方法、模式，加快全面数字转型和智能升级。档案工作目前存在着制约高质量发展的观念障碍、制度缺陷、技术瓶颈和人才短板，地区及行业间发展不平衡问题仍然明显存在，档案利用服务不充分问题依然突出，基层的基础工作还有薄弱环节。面对机遇和挑战，要加大力度，切实推动档案工作的高质量发展。

《规划》明确指出了工作原则为：坚持党的领导；坚持人民立场；坚持依法治档；坚持改革创新；坚持安全底线。今后发展目标为：到2025年，档案工作走向依法治理、走向开放、走向现代化取得实质性进展，形成与新时代中国特色社会主义事业相适应的档案事业发展新局面，为建设档案强国奠定坚实基础。具体体现在：档案治理效能得到新提升；档案资源建设迈出新步伐；档案安全防线得到新加强；档案信息化建设再上新台阶；档案科技创新实现新突破；档案人才队伍建设取得新发展。到2035

年，档案资源建设质量、档案利用服务水平、档案治理效能和管理现代化程度进入世界前列。

中共中央和国务院办公厅根据新时代档案工作的发展特点于2014年5月4日联合印发了《关于加强和改进新形势下档案工作的意见》（以下简称《意见》），《意见》的发布对档案管理工作的开展具有重大的指导意义：一是要不断完善档案管理工作的体制，加强档案管理的统一领导和档案管理机构之间的相互协作，要依法拓展档案管理领域，加强档案馆建设，有计划、有目标、有组织的开创档案管理工作的新格局，提高档案的服务能力和服务效率。二是要以服务人民群众为根本宗旨，增强和完善档案管理的制度建设和建立健全档案利用体系，要强化服务意识，不断整合档案资源，加快数字化档案信息资源的建设和利用，切实做好档案资源的共建共享。三是要建立档案保密的分级保存，提高档案管理的安全性，做好基建建设和结合物联网技术加强对档案库房的安全管理，对贵重档案要实施档案备份，防止档案被人为破坏和自然损坏。四是拓宽档案收集的范围和加大收集力度，要与涉及档案信息资源管理的相关机构加强合作，做到档案管理全覆盖，要不断完善档案归口管理制度，利用先进的信息技术建立档案信息管理平台，不断创新档案管理模式，提高档案面向公众的服务力度。五是要加大对档案工作的支持和保障力度，积极发挥档案的管理职能，加强档案管理的队伍建设，提高档案管理人员的知识技术层次，加大档案研究成果的开发工作力度，以多种形式开展档案宣传工作，切实提高档案管理意识，让档案整理贯穿到每一个工作环节，做到工作开展进度有迹可循。

高校应该依法履行档案职责，认真贯彻落实《意见》的总体要求，加强档案硬件建设，改善档案管理条件，建立健全档案管理的相关制度和服务体系，推进档案管理与信息技术的深度融合，拓宽档案资源的服务层面，促进档案资源的共享利用，真正做到服务于社会和群众。针对当下关于我国综合实力与国民素质的跨越式发展的新形势，高校档案管理应该紧紧跟进发展的步伐，不断改善档案工作的新格局与创新档案工作思路，深入全面的开展高校档案的管理研究，从而不断地提升高校档案馆对档案的管理和服务的综合能力，最大化地实现高校档案的价值。

在如今的信息化时代，数字化校园建设成为高校建设的时尚和潮流，高校的办公自动化（OA），系统、财务系统、教务管理系统等不断地涌现，无纸化办公理念日益普及，高校日常管理和教学活动生成的已不再是单一的纸质档案，而是多种介质和载体的海量复杂的信息和数据。高校档案管理应该把握机会，紧跟时代步伐，结合当今高校档案信息资源的全球化、云端式应用的发展趋势，探索高校的档案管理及服务方式的创新，使高校的档案管理能够再上一个新的台阶。在信息化浪潮中，高校的档案业务由传统的封闭、半关联式走向开放，档案的服务理念由被动变为主动，有利于保证我国高校档案事业的持续、健康发展。

随着我国档案信息化的快速发展，国家及地方政府相关部门逐渐加大了对高校档案信息化建设的投入力度，相关的政策法规不断出台。实际上早在2002年和2005年国家档案局和中央档案馆相继印发了《全国档案信息化建设实施纲要》（档发〔2002〕8号）和《档案事业发展“十一五”规划》，在档案信息化基础设施建设、资源建设、应用系统建设、标准化建设等方面进行了完善。2008年9月，教育部制定的《高等学校档案管理办法》指出，高校档案工作是高等学校重要的基础性工作，高等学校应当对纸质档案材料和电子档案材料同步归档。2017年，根据国务院令第676号修正《中华人民共和国档案法实施办法》中指出，奖励“对档案的保护和现代化管理做出显著成绩的企事业单位”。2018年1月，国家档案局发布《纸质档案数字化规范》12项档案行业标准；《中华人民共和国档案法》（2020年修订版）第一章第一条提出“为了加强档案管理，规范档案收集、整理工作，有效保护和利用档案，提高档案信息化建设水平”和第五章《档案信息化建设》中“档案馆和机关、团体、企事业单位以及其他组织应当加强档案信息化建设”的建设任务，显示了国家对高校档案信息化建设的高要求。

设备档案管理是高校设备管理的重要组成部分，是衡量设备使用效率和效益的基础，是评价设备技术性能的基本依据。近年来，随着科技的发展和国家对高校教育的重视，国家加大了对高等学校教育资源投入的力度，各高校购置设备的种类、数量和档次都有了一定程度的提高。设备的快速升级对设备档案的管理也提出了更高的要求。因此，在新形势下研究如何管理好、利用好设备档案资源是高校设备管理者必须关注的重要课题。然而，传统的设备档案管理模式已经不能满足高校科研工作的发展要求和管理需求。《国家中长期教育改革和发展纲要（2010—2020）》指出，要“推进数字化校园建设，实现多种方式接入互联网”。可见，实现设备档案管理的信息化是适应高校深入发展的必然趋势，是推动固定资产管理规范化、标准化的重要举措，为高校的教学、科研工作的顺利开展创造良好的条件。

三、研究意义

高校设备档案管理信息化的建设研究，对于高校的档案管理工作有重要而深远的意义，具体如下。

（一）理论意义

首先，针对高校档案管理的信息化建设，国内外学者已经做了大量的研究，但具体到高校设备档案的信息化建设的研究还很少。新形势下，聚焦高校设备档案的信息化建设的研究，有利于进一步丰富和完善高校档案管理的相关理论，为高校相关部门加强高校设备档案管理的信息化建设提供参考建议。其次，本研究项目借助“互联网+”技术，将“资产全生命周期管理”理念引入高校设备档案管理中，构建高校设备档案管理信息系统管理平台，为其他学者对高校档案管理信息化建设的调查研究提供了借鉴。最后，国内关于高校设备档案管理中进行信息化建设的实证研究很少，本研究通过问卷调查对徐州地区高校设备档案的管理现状进行结果分析，有望丰富设备档案信息化建设理念，为他人提供借鉴和参考。

（二）实践价值

高校设备档案信息系统管理平台将设备档案业务链的各个环节打通，把“信息孤岛”连接起来，将设备的全生命周期内的全部数据录入档案管理系统，真正实现设备档案查询和利用为一体的动态网络化管理，有利于为学校规划决策提供快速、准确的基础数据；有利于领导全面掌握设备的分布、使用和售后服务等情况，为仪器设备采购和管理提供数据支撑；有利于为设备正常运转提供重要参考依据，大大提高了设备档案的利用率。

1. 为学校规划决策提供快速、准确的基础数据

目前，我国大部分高校的档案管理还是以纸质档案为主要对象，在档

案的收集、规范化整理、编制目录等程序上还停留在传统的人工操控上，而档案资源的查阅和调取都需到档案管理库房内现场调取。而进入大数据时代以来，各类档案数据呈现大幅度的增长，对于档案信息的管理及利用频次也不断增多，面对新时代档案工作的发展需要，如果继续沿用传统的档案管理模式，不仅会增加档案管理的成本，取得的管理成效也不显著，这就迫切地需要探索符合高校档案馆自身发展要求的信息化管理模式，从而改善现状。利用先进的信息化技术，结合当前档案管理的需要，建立档案网络管理平台，可以通过云储存对档案信息进行收集和保存，利用数据挖掘与分析技术可以将档案信息进行分类，利用云计算方式对档案信息进行整理归档，利用云服务可以实现信息的合理利用，引用信息管理服务平台，不仅可以实现对档案信息从“收集”“管理”“提取”“利用”几个环节的科学控制和技术支持，还能有效缓解档案管理者的工作负担，降低管理成本，从而提高管理工作水平和管理效率，以适应当前档案管理转型升级的需要。

对于高校设备档案的信息化建设，能够随时掌握各类仪器设备的校内分布、重复购置率、使用率等情况，从而为学校决策者提供各类经费的流向，进一步调配经费的分配和投入，合理使用经费。另外，仪器设备各项性能指标、利用率等的完整性也为管理部门制定和审核设备采购计划，以及购置可行性论证提供了重要的参考依据。

2. 有利于学校全面合理地采购仪器设备

设备档案信息化管理有利于领导全面掌握设备的分布、使用和售后服务等情况，根据需要合理调配仪器设备，发挥档案信息在计划采购和业务工作中的调控作用。这些信息资源为以后的仪器设备采购和管理提供数据支撑，便于合理调配设备经费的分配和投入。

通过设备档案的信息化管理，还可以对教学等设备使用情况及时追踪，掌握各类设备的效能发挥、作用、使用率等情况，准确把握学校设备经费的投入方向和合理性，进一步调配好设备经费的分配和投入，最大限度地合理使用有限的教学经费，使得教学经费真正用到实处。对于那些逐年增加，频频投入的设备和经费，却未见效果或效果甚微的使用单位，设备主管部门则不再向这些单位继续大量投入，这样有限的高校设备经费就能发挥其最大的作用。

完整的档案信息既能反映该设备使用状况，也是相关单位制订和审核设备采购计划的重要依据。规范档案信息有助于全面系统地反馈该设备各项性能指标、完好率、利用率以及售后服务水平等情况，这些信息将为今后的设备采购和管理提供指导性意见。一般而言，在立项论证环节，仪器设备必须经过专家会议进行必要性、可行性论证，防止重复购置，盲目投资，并报校领导审批立项；在招标采购环节，贵重仪器设备都要经过由监察、审计、财务、采购中心及校内外同行专家组成的招标专家组进行招标采购。在上述各项环节中，如果能很好地利用这些信息，就可以制定出切实可行的采购计划。

3. 为设备正常运转提供重要参考依据

设备档案是对仪器设备技术状态信息及管理状态信息的全面描述，对于开展检验、检测工作及进行检验、检测事故调查分析发挥着重要作用。设备档案的信息化，通过利用计算机网络通信技术，档案资料在设备购买、使用、维修等工作中得到充分利用。设备档案记载了设备的技术参数、设备的图纸、相关资料、说明书，反映出设备的机构和技术水平，为正确的使用、操作设备起到了指导的作用。当日常工作中的仪器设备发生故障时，仪器设备档案信息化管理的优势就会充分体现出来。使用者在第一时间利用计算机快速搜索该仪器设备的相关信息及维修记录，通过查看仪器设备的档案，缩短维修时间。

4. 有利于实现档案资源共享，促进档案工作的完善和发展

随着我国信息化建设的快速推进和信息技术的广泛应用，纸质档案资源也逐渐被信息化、数字化资源所代替，而传统的档案收集、整理、归档、查阅等方式已不再适应社会主流发展，继续沿用传统的档案管理与服务模式不仅耗费大量的人力资源和维护费用，跨区域的档案查阅还会增加空间和时间的成本。大数据时代下我国档案管理模式亟须变革，尤其重要的是构建科学的档案管理体系，对于档案管理组织和机构的精细化定位及其功能上的优化，深入进行探索和创新，有利于改善和提高我国档案信息资源的存量和增量保护的工作效率，档案资源的共享利用也有利于促进高校档案馆和其他单位之间的协调与合作，数字化的档案信息管理也大大地节约了人力、物力和财力。从根本上转变了档案管理思维，积极开拓进取，大胆创新，才能跟上高速的社会发展步伐，利用现代化技术，建立科学的档案管理模式，以群众需求和资源的合理分配为抓手，提高档案的管理能力和利用效率，才能顺应时代的发展，推动档案在高校服务社会职能中的作用。

设备档案应该由原来的以收集、整理、保管为主转向以开放、利用、服务为主，把主要精力放到提高利用率上，促进设备档案利用向更高层次发展。设备档案的信息化将档案和信息技术融合，有利于仪器设备资源的

公开和监管，有利于突破资源分散的旧模式，传播仪器设备资源共享的理念。通过仪器设备的档案信息化，可以不受时间、空间和环境等因素的限制，随时可以进行仪器设备型号、安装地点、使用人员等信息的查询，从而节省时间，简化手续，提高设备的使用效率，使档案信息资源得到充分的利用，体现了档案的价值，也促进了档案管理的现代化和科学化发展。

四、研究思路与内容

（一）研究思路

首先，认真学习了2021年中共中央办公厅、国务院办公厅印发的《“十四五”全国档案事业发展规划》文件精神，深入研究了国家对档案事业的发展目标，结合国家相关政策，查阅大量有关高校设备档案信息化相关的文献，整理了高校设备档案管理信息化建设的有效数据，归纳出高校设备档案管理信息化建设研究的整体理论框架；其次，对徐州地区的高校做了相关问卷调查和访谈，收集资料，采用定量和定性相结合的方法，通过SPSS 23.0数据分析，调查论证徐州地区部分高校设备档案管理信息化建设的现状和存在的问题，拟定研究方案；再次，根据数据分析，阐述“互联网+”背景下高校设备档案信息化建设的措施；最后，得出结论和建议。

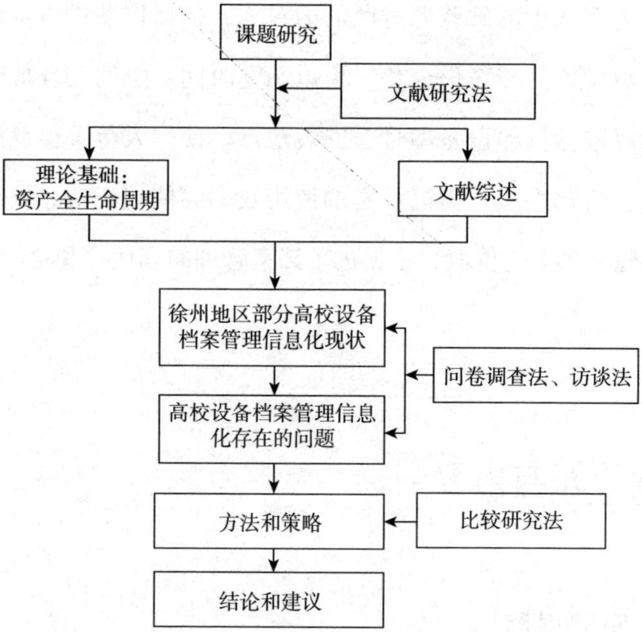

研究思路流程图

（二）研究内容

本研究主要通过文献法阐述了高校设备档案的发展历程，调研了徐州地区高校设备档案信息化建设现状和存在的问题，根据现状分析，提出解决方案，同时在“互联网+”背景下，将“资产全生命周期管理”理念引入高校设备档案管理中，即对设备的前期购置、中期维护、后期处置三个阶段形成的材料的流程管理，将设备的申报、采购、验收、储存、分配和处置的整个过程纳入档案信息系统中，进行实时信息与过程的管理。从设备档案信息化重视程度、设备档案管理制度和模式、设备档案管理资源利用、软硬件设施和设备档案人员结构等方面阐述高校设备档案管理的新举措、新途径，构建高校设备档案信息系统的管理平台，以适应目前高校设备档案管理发展的需要。根据问题导向，总结出新时代高校档案管理信息化建设的措施，包括加强宣传、完善档案信息资源的管理标准、推进数字档案馆藏、加大对基础设施投入及管理、提高档案管理人员的综合素质以及全面做好档案的网络信息安全保障工作等内容。

五、研究方法

（一）文献研究法

通过大量相关文献的搜集、整理、归纳与分析，借鉴已有文献的一些研究成果，在对本课题全面认识的基础上，广泛收集、整理与本课题相关的理论基础，并充分掌握国内外的最新研究进展，为高校的设备档案信息化建设研究提供参考依据。

（二）问卷调查法

本课题设计了高校的设备档案信息化建设调查问卷，选取徐州地区的部分高校作为调查对象，通过问卷调查，统计、分析高校在设备档案管理信息化建设中存在的问题。问卷有纸质问卷和电子问卷。

（三）访谈法

为了更加全面的掌握高校设备档案管理信息化现状，本研究设计了访谈提纲。通过对徐州地区部分高校的设备管理部门及设备使用部门的管理人员、师生进行了访谈，掌握高校的设备档案在队伍建设、管理模式和体制、使用满意度和共享程度等方面的实际情况。访谈途径有：电话访谈、网络访谈和面对面访谈。

（四）比较研究法

分析比较目前高校设备档案的管理现状和存在的问题，在尝试实验后进行归纳分析，制定出可行性的方法和策略。

六、研究特色与创新点

1. 针对高校档案管理信息化建设，国内外学者已经做了大量的研究，但具体到高校设备档案信息化建设的研究还很少。新形势下，聚焦高校设备档案信息化建设的研究，有利于进一步丰富和完善高校档案管理的相关理论，为高校相关部门加强高校的设备档案管理信息化建设提供参考建议，是本研究项目的特色之一。

2. 本研究项目借助“互联网+”技术，将“资产全生命周期管理”理念引入高校设备档案管理中，构建高校设备档案管理信息系统管理平台，为其他学者对高校档案管理信息化建设的调查研究提供借鉴，是本研究项目的另一创新之处。

七、学术价值和应用价值

高校设备档案管理信息化建设研究，对于高校档案管理有重要而深远的意义。

（一）学术价值

国内关于高校设备档案管理中进行信息化建设的实证研究很少，本研究通过问卷调查对徐州地区高校设备档案的管理现状进行了结果分析，有望丰富设备档案的信息化建设理念，为他人提供借鉴和参考。

（二）应用价值

高校设备档案信息系统管理平台将设备档案业务链的各个环节打通，把“信息孤岛”连接起来，将设备的全生命周期内的全部数据录入档案管理系统，真正实现设备档案的查询和利用为一体的动态网络化管理，有利于为学校规划决策提供快速、准确的基础数据；有利于领导全面掌握设备的分布、使用和售后服务等情况，为仪器设备的采购和管理提供数据支撑；有利于为设备的正常运转提供重要参考依据，大大提高了设备档案的利用率。

Unit Two

第二章

设备档案管理综述

一、相关概念

（一）档案的概念

关于档案概念的界定，最早可以追溯到我国清代顺治年间，杨宾在其《柳边纪略》中给出了明确的解释，简单来说就是存入档案的文案。从档案概念发展的历史来看，档案学概念产生于20世纪三四十年代，民国时期的档案学者何鲁成认为："档案者乃已办理完毕归档后汇集编制留待参考之文书"，其他的研究者也大都认为档案是"官文书"或办理完毕的"文书"。中国档案学的创始人吴宝康先生认为："档案是历史上各种政治、经济、社会组织和个人在公私事务或技术、科学工作活动中自然转化形成的真实历史凭证和原始记录，并收藏起来的一定原料制作的文字形声材料。”查阅大量资料，不同的学者对档案的概念进行了研究,代表性的有:陈兆祦、和宝荣所著《档案管理学基础》说:“档案是人们在社会活动中形成的保存起来以备查考的文件。”傅荣校认为“档案就是人们保存起来以备查考的非现行作用的文件”，冯惠玲认为“档案是社会组织或个人在以往的社会实践活动中直接形成的具有清晰、确定的原始记录作用的固化信息”，王岚认为“档案，是人们在社会活动中形成或得到，并经过鉴定、整理的文献记录”，覃兆刿认为“档案是人类对凭证信息的控制”，丁海斌认为档案是“人们有意识保存起来的原始性符号记录”。或者表述为：“人们有意识保存起来的人类活动的原始性符号记录”，朱玉媛认为“档案是记录和反映国家机构、社会组织或个人工作、生产、科研、学习等活动原貌的，按一定规则组织归档，以备查考利用的各种文献”。

由中华人民共和国第十三届全国人民代表大会常务委员会第十九次会议于2020年6月20日修订通过的《中华人民共和国档案法（2021）》第一章第二条规定：本法所称档案，是指过去和现在的机关、团体、企业事业单位和其他组织以及个人从事经济、政治、文化、社会、生态文明、军事、外事、科技等方面活动直接形成的对国家和社会具有保存价值的各种文字、图表、声像等不同形式的历史记录。

档案的定义一直以来都是学界研究的焦点问题，随着人们对档案这一事物认识的不断深化以及档案载体、内容的演变发展，中外档案学界给它下的定义也在不断地推陈出新。

档案一词最早出现于明末清初，一般，我们都把在社会各种活动中所产生的各种不同类型的，并且富有保存意义的原始记录称作档案。有档案，就有档案管理，档案管理也被人们称为档案工作，是档案馆（室）对文件实物、档案资料的直接实施管理，并向群众进行利益提供的服务管理工作的统称，是当前我国档案工作的最基础的组成部分，具体包括了档案鉴定、档案管理、档案编研、文件收藏等各个领域（张雷珍，2018），是当前我国档案工作最基础的构成要素。

档案的概念及其相关属性的界定与整合，是档案理论研究中一个古老而重要的课题，一般认为，档案是人们在社会活动中直接形成的、各种形式的、具备保存价值的原始记录，古代商周时期的“册”、秦汉时期的“典籍”等等，都是古代人对档案的不同称谓。可以看出，在档案的概念界定上，一直充满着争议，例如邹吉辉学者将档案与历史记忆相关联，认为档案是“真实的历史记忆”，可以“再现”当时社会活动的原始面貌。1988 年四川大学出版社出版的《档案文献学》一书中，将档案定义为文献的组成部分，也就是将档案作为一种特殊的文献形式，但这一观点在之后的学界研究中得到了不少质疑，其中最大的争议就在于“原始性”是否可以作为区分文献与档案最重要的特征。目前主流观点将“原始记录性”作为档案的本质属性，但也有学者认为，“原始记录性”仅仅是档案本质属性的其中一个方面，不能作为档案定义的要素，只有将“历史性”、“实践性”和“物质属性”这三属性所体现出的内在特殊性加以整合，才能定义出档案这一特殊的集合体概念（王玉声，1996）。

在近代西方，《美国大百科全书》一书中关于档案的解释为：在处理法律或机关事务期间，该事务工作人员接触到（不管是制成还是收到的）并被保存起来的具有永久价值的文件总称，包括纸质版的文稿、手册及电子版的录音带等在内的文献材料。

总之，通过研究不同时代、不同文件对档案概念的解释可以看出，档案是动态的复合概念。不同国家有不同的政治文化观念，对档案的认识有所不同；同一国家不同时期的人们站在不同的角度观察，对档案的认识也会产生差异；只要人类社会生活不停止，档案就会不断地产生和形成。以上档案定义虽然认识有所不同，但都认为档案就是过去和现在的所有国家机关、组织和个人等在各种社会实践活动中直接形成的、对社会有价值的、备查考的、以不同形式被保存起来的历史记录。其包括四个方面的内容：

第一，档案是在各种社会实践活动中直接形成的；

第二，档案是有保存价值的文件；

第三，档案是以备查考的历史记录；

第四，档案信息的记录方式和载体是多样化的。

（二）高校档案的概念

高校档案的概念从属于档案概念，通过档案的概念可以将高校档案概念定义为：高校在教学、科研、管理等活动中直接形成的对学校等有保存价值的各种文件、声像等不同形式的历史记录。《高等学校档案管理办法》（教育部令第27号）里，对高校档案的定义为：高等学校从事招生、教学、科研、管理等活动直接形成的对学生、学校和社会有保存价值的各种文字、图表、声像等不同形式、载体的历史记录。

（三）科技档案的概念

科技档案是组织机构或个人在科技、生产活动中直接形成的、保存备查的信息记录。

从以下三个方面可以明确科技档案的本质属性，以及同科技资料和科技文件的本质区别。

1. 科技档案同其他档案在性质上的区别

科技档案是组织机构或个人在科技、生产活动中产生的。这里的组织机构或个人是指形成科技档案的主体。主要包括企事业单位以及参与科技、生产活动的个人。科技档案和所有这些档案的根本区别，在于它产生于生产活动和科技活动中，它记载和反映自然界各种物质的现象和运动的规律，记述和反映人们认识自然、改造和利用自然的各种活动，是一种科技信息及其载体。

2. 科技档案是在科技、生产活动中直接形成的，同科技资料有本质区别

科技资料同科技档案都记载和反映着科技内容，形式上都是图样材料、文字材料和声像材料等，容易混淆不清。因此，必须对科技档案和科技资料进行正确的区分。

科技档案是“在科技、生产活动中直接形成”的信息记录。它直接记录自然现象或具体项目的运动过程和实体，是人们认识自然和改造、利用自然活动的原始记录。科技档案是第一手材料，而不是事后另行编写和搜集的。科技资料则不同，它们不是科技、生产活动的第一手材料：是为了科技、生产活动参考的需要而交流、购买来的间接性材料。

3. 科技档案是保存起来以备查考的信息记录

第一，科技档案是具有保存价值的信息记录。科技文件是在科技、生产活动中直接形成的、处于使用和运行过程中的信息记录。并非所有在科技、生产活动中形成的文件都具有保存价值，没有保存价值的文件不需归档，因此也就不会转化为科技档案。所以，有没有保存价值，是科技文件能否转化为科技档案的基本条件。有保存价值是“保存备查”的前提。

第二，科技档案是履行了相关手续，集中保管起来的信息记录。作为科技档案保存起来的信息记录，已经同科技文件有了性质的不同。它们作为文件材料的形成过程已经结束或告一段落；它们发挥作用的性质不完全相同；由于经过了鉴别和筛选，它们在数量上发生了变化；经过了初步整理，形成了案卷，存在形式也发生了变化；实现了集中统一管理，成为国家档案资源的组成部分。因此，定义明确了科技档案同科技文件的区别。

（四）高校设备档案

设备档案是科技档案的一部分。设备档案，是各种机器设备、车辆、船舶和仪器、仪表的档案材料。设备是一种重要的生产手段，随着科学技术和生产力的发展，在社会生产和科技研究、自然观测的各个领域，都普遍地以各种设备装备起来，因此，设备档案是一种在各个专业的各种不同的企事业单位中都存在的科技档案。

设备档案的基本特点同产品档案的特点是一样的，即以型号成套。但设备档案的内容构成，在一般情况下同产品档案不尽相同。这是因为设备档案和产品档案的作用不同，形成过程也不相同。自制设备的档案构成，除包括设备在设计、研制、试验、制造过程中形成的文件外，还包括该项设备在安装、使用、维修、改造过程中形成的文件。外购设备档案的构成同产品档案的差异更大，它不包括该设备在设计、研制、制造过程中形成的文件。其内容基本上包括三个部分。第一，设备购置文件。包括设备技术经济计算文件，有关购置设备的谈判文件，以及订购协议或合同书等。

第二，随机文件。包括设备图册和说明书，设备合格证、装箱单和配件目录，以及设备安装规程等。第三，设备安装、使用过程中形成的文件。包括设备安装记录、试车验收记录和总结报告，设备运行记录，设备保养和大、中修记录，设备使用分析表，设备检查和事故记录，设备履历表，设备改造记录和总结等。

高校设备档案一般包括两个方面的内容：一是指“仪器设备档案”，即单机成套的设备从规划、设计 、制造安装、调试、使用、维修、改造、更新直至报废的全过程中形成的文字、图表等文件材料；二是指“设备管理档案”，高校围绕着设备固定资产所进行的各项管理、经营活动所产生的一切文字材料以及照片、声像等材料，经过收集、整理、鉴定、归档等工作建立起来的设备管理档案。因此就设备档案的性质而言，它兼有文书档案和科技档案的双重性。

仪器设备的档案管理是通过直接搜集整理所得的关于仪器设备的记录，是高校档案的一个重要组成部分。管理好、用好仪器设备档案资源，不仅有助于延长设备的使用寿命、提高仪器设备的使用效率、扩大设备的使用范围，也是高校购买同类设备的可靠参考和了解设备资产的详细信息来源，有助于提升设备管理的工作水平，更好地保护高校的固定资产。

高等学校设备档案的构成，依照教育部第27号令发布的《高等学校档案管理办法》可知：“仪器设备档案主要包括各种国产和国外引进的精密、贵重、稀缺仪器设备（价值在10万元以上）的全套随机技术文件以及在接收、使用、维修和改进工作中产生的问卷材料。”由此可知，高校设备档案涵盖在其计划、购置、验收、建账、使用管理及报废处置等全生命周期过程中直接形成的具有保存利用价值的文件、图表、声像等不同载体的全部材料。在实际工作中，设备档案的管理工作主要包括综合管理、仪器设备项目依据性材料、开箱验收、安装调试、运行维修、随机图样六个方面。

具体而言，仪器设备购置环节产生的档案资料主要有购置论证表、专家论证会议纪要及备案批复材料、购置申请表、招标文件及中标结果文件；验收环节中产生的档案资料主要有仪器设备验收报告、使用说明书、产品合格报告等随机文件，委托外贸进口代理协议书，免税证明，购销合同，装箱单等；建账环节中产生的档案资料主要有入账单、发票、报账单等；使用管理环节产生的档案资料主要有大型仪器设备运行记录、培训预约记录、维修维护记录、升级改造记录等；报废处置环节中产生的档案资料主要有大型仪器设备报废申请表、专家鉴定表、报废处置会议纪要和相关备课批复材料。

（五）高校档案馆

国务院联合国家档案局于1992年1月27日发布了《全国档案馆设置原则和布局方案》（以下简称《方案》），目的是将一切具有研究价值和参考价值的重要文书、影像、图画等资料进行妥善保管，便于后期的有效利用。《方案》在布局方面将我国档案馆分为三类：一是各级国家档案馆，归口中央或各级地方行政部门；二是部门档案馆，隶属中央和地方各级专业主管部门；三是企业、事业单位档案馆，归本单位管理。高校档案馆属于事业单位档案馆之类，承担着该校教学、科研、文书、财务、基建设备等一系列的档案收集、整理存档，高校档案的管理对于高校在不同时期、不同社会背景下所开展的教学科研活动、社会育人事业有着深远重大的历史意义，是回顾该校教育发展历程的重要保障。

（六）档案管理

档案管理是各项社会管理系统中不可或缺的重要环节，涉及文书、司法、经济、人事、财务、城建、专利、军事、人文历史、人口普查等。就性质而言，档案管理在管理机构中既可进行资料管理，又可提供相应的服务工作。档案管理是指运用某一标准和规范，对散乱的文件资料进行加工整理，使之成为统一格式的系统的档案。管理过程包括对文件资料的收集、规范化整理、编制目录、装盒、保存，还有定期进行档案鉴定销毁，档案数量统计，以及档案资料的编纂研究，还包括对开放档案的提供利用工作。档案管理的主要对象一般为各类档案，服务的对象为各级各类用户。档案管理的终极目的就是为社会提供档案服务。

（七）高校档案管理

高校档案管理是针对我国各高校在发展建设和教学活动中形成的档案而开展的管理活动。高校档案管理一方面是保存和丰富学校历史，整理保存高校的文书、教学、财务、学生档案等，为本校师生的教学、科研等活动提供支撑，为学校的发展提供决策依据等；另一方面是为各届校友、社会公众等提供档案利用服务，充分体现高校档案独特的特点和无法比拟的优势。高校的档案管理是高校各项事业开展和提升的基础，为高校的领导决策和全面发展提供依据和证据，高校应该将档案管理纳入学校的总体规划。同时高校档案管理又兼具社会服务职能，需要向社会公众提供更好的服务，以最大化实现高校档案的价值。

（八）档案信息化的内涵

档案信息化是国家信息化战略的重要内容，是档案管理和利用领域的信息化建设。档案学界对档案信息化概念进行了深入探讨，观点莫衷一是，各有强调，从不同的角度揭示了档案信息化的内涵。部分学者对档案信息化的内涵陈述如下：《档案信息化导论》一书中论及档案信息化概念时认为："档案信息化，就是在国家档案行政管理部门的统一规划和组织下，在档案管理活动中全面应用现代信息技术，对档案信息资源进行处置、管理和提供利用服务。"定义强调了档案信息化的组织要求和形式目的。国内大多数学者更多地关注档案信息化的目标、方向和组织问题自在情理之中。

《论档案信息化内涵及相互关系》一文中认为："档案信息化是指档案部门运用现代信息技术，加强档案信息资源的收集、整理、开发和利用。"档案信息化的基本内涵包括：档案信息利用的网络化、档案信息存储的数字化和档案信息管理的标准化。它将档案信息化的核心内容提炼为网络化、数字化，标准化三个方面，比较凝练深刻，从内容上抓住了档案信息化的核心。

《关于档案信息化的思考》一文详细剖析了档案信息化的内容，指出："档案信息化有微观和宏观两层含义。就其微观含义而言，档案信息化就是运用现代信息技术管理电子文件，对物理形态的档案文献做符合信息化环境和目标的转化，搞档案网站和数字档案馆建设，实现高效、适用的档案管理和档案利用工作的过程。就其宏观而言，档案信息化是一项复杂的系统工程，它不仅包括信息技术在档案管理中的广泛应用，还包括信息技术应用过程中的观念基础和人文基础建设，即保障档案信息网络有效运转的社会支持环境的建设，其中包括争取国家信息政策的引导和支持，使档案信息纳入整个社会信息系统建设的框架之中；建立与档案信息化相适应的新思维。新理念和相关政策法规文化教育、职业道德、人才资源等思想意识与人文管理体系。”对档案信息化的这一描述全面而具体，比较清晰地勾勒出当前档案信息化建设的内容要素，对实际工作具有现实指导意义。

《关于档案信息化建设实效性的思考》一文中强调：“档案电子化是信息化在档案领域的具体实现，其基本内涵与信息化的内涵是一致的。”同时指出：“档案信息化是档案事业发展中的一项动态系统工程，由诸多相关项目构成。档案信息化建设绝不是某一个或几个方面的事，它也不是单纯的技术现代化、手段现代化过程，也不能简单地与档案数字化、网络化建设等同起来。档案信息化建设包括档案信息网络建设、档案信息数据库建设、档案信息资源的有序组织、档案信息资源的开发利用、档案人才的培养与用户的培训、档案信息化建设的相关政策、法规制度和标准的制定与实施、信息技术的广泛应用等。”这一观点学术价值在于对档案信息化动态性的强调及对档案信息化建设内容广泛性的认识。

《对档案信息化建设的思考》一文中也强调了档案信息化建设的动态性，认为“信息化须经历一个不断完善的过程，而不是某一时刻的结果”，并梳理了档案信息化建设过程中相关要素之间的关系，“档案信息化可以理解为是一个以信息技术广泛应用为主导，以档案信息资源建设为核心，以信息网络为基础，以信息人才为依托，以档案信息法规、政策、标准为保障的综合体系”。

《关于档案信息化建设实效性的思考》还对档案信息化的内涵做了逻辑上的抽象，认为“档案信息化的含义，一方面涉及信息技术层面，另一方面则涉及社会支持环境”，并指出“目前业内人士似乎对后者重视不够，尤其是其中的观念变革问题”。

综上所述，科学认识档案信息化的内涵必须把握以下几点：

1. 档案信息化是国家信息化战略在档案领域的具体实现

国家信息化战略是一项规模浩大的系统工程，涉及农业、工业、科技、国防等各行各业和社会活动的各个方面。信息资源、信息网络、信息技术、信息产业、信息化人才、信息化法规和标准是国家信息化体系的基本要素，地区信息化、行业信息化则是国家信息化全局的有机组成部分。档案信息化作为国家信息化在档案领域的具体实现，服从国家信息化全局，在整个战略规划框架下系统、有序地展开。档案信息化的目标、任务、内容取决于国家信息化全局的发展需要，具有明显的时代性和社会性特征。

2. 档案信息化的实质是档案工作目标与信息网络手段的结合

档案工作的根本目标是满足社会对档案的管理、利用需求。传统的档案业务模式是在原有档案工作手段的基础上发展起来的，其合理性基于使用已有手段最大限度地满足社会档案需求。计算机、网络等现代信息技术手段的引入，极大地改变了档案业务的程序和模式，但并未因此改变档案工作的社会使命。信息化只是手段的变化，而非目标方向的革命。数字环境下档案工作的根本目标依然是最大限度地满足社会对档案保管、利用的需求，信息化所要追求的正是如何最大限度地利用数字网络等现代技术手段来实现档案工作的根本目标。从这个意义上说，档案信息化的实质是档案工作目标与信息网络手段的结合，是传统档案业务向网络环境的迁移。

3. 档案信息化是一个不断发展的动态过程

随着信息技术的不断发展，技术手段和技术环境也在不断变化，档案信息化建设的目标、任务和要求也随之改变。但在某一时期特定的社会环境下，受制于技术经济条件和人文基础，我们设定的档案信息化目标，确立的档案信息化建设任务却是现实的、具体的，并相对稳定。在动态变化的背景下，档案信息化建设的目标不可能一步到位。

4. 档案信息化涉及信息技术和人文环境两个层面，具有十分丰富的内涵

如前所述，档案信息化是现代信息技术手段对管理目标的支持，因此，技术、管理以及作为其社会基础的人文环境在档案信息化过程中始终交织在一体，使档案信息化建设具有了不同于传统档案工作的新的内涵，这从上述对档案信息化的种种界定中可见一斑。

基于上述认识，我们从应用角度将档案信息化的概念界定如下：

档案信息化是在国家总体规划和宏观组织之下，采用现代信息技术改造传统档案业务，不断适应数字环境下档案活动的发展变化，最大限度地满足社会档案需求的建设过程，它是国家信息化体系的有机组成部分，是国家信息化战略在档案领域的具体体现，其建设内容十分丰富并不断变化，具有时代性和社会性。

（九）高校设备档案信息化

为了提高设备档案管理的水平，适应新形势下设备管理工作的需要，应借助现代信息技术，运用计算机、网络技术对设备档案材料进行整合和利用，促进设备档案的信息化建设。随着大数据时代的来临，“互联网+”的不断成熟、发展，使得档案管理信息化建设进度大大提高。设备信息的收集、整理、更新均进入了智能化、信息化和云计算时代。借助云存储、云共享、智能检索等相关信息技术，能够大大提升设备档案管理的工作效率，提高仪器利用率。同时，“互联网+”时代设备档案资源的开放程度更高，借助互联网、微信、微博等平台，创新服务内容和服务形式，更好地适应“互联网+”时代信息共享的大趋势，是高校设备档案管理工作今后面临的重要课题之一。

设备档案的信息化是档案管理部门运用信息技术对设备在生命周期全过程所产生的材料进行计算机收集和处理，进行数字化的数据信息存储。高校仪器设备档案信息化的基本内涵包括：档案信息利用的网络化、档案信息存储的数字化和档案信息管理的标准化。信息化的主要内容包括：仪器档案资源的有序整理；仪器档案数据库的建立；仪器档案信息的网络化；仪器档案信息资源的开发与利用等。高校应着力打造设备档案信息的线上管理平台，开启“线上+线下”的协同管理模式。线上平台可用于仪器设备的宣传、介绍、查询、预约等，便于使用者及时了解，同时可以授权二级部门设备管理人员通过线上及时更新设备状态，保证设备档案的时效性。线下档案则保证了设备档案的唯一性和原始性，线上与线下相结合，对于提高设备档案管理的水平，实施高效率的设备管理有着重要的意义。

二、高校设备档案管理的内容

高校设备档案是学校仪器、设备管理的重要依据和凭证，设备档案原始材料的收集和归档是做好档案信息化建设工作的第一步，是实现高校档案信息化建设管理的基础性工作，也是实现档案信息化建设的不可或缺的基础性工作。因此我们要做好档案的收集工作，确保档案完整。

按照国家教育委员会对高等学校档案工作规范的要求，高校设备档案是指在其计划、购置、验收、运行调试、管理维护、维修改造以及报废处置等全生命周期过程中直接形成的具有保存、利用价值的文件、图表、声像等不同载体的全部材料。设备档案形成于设备从申购到报废的整个生命周期。“资产全生命周期管理”理念，即对设备的前期购置、中期维护、后期处置三个阶段形成的材料的流程管理，将设备的申报、采购、验收、储存、分配和处置的整个过程纳入档案信息系统中，进行实时信息与过程的管理理念。在上述各个环节产生的设备档案材料应及时的进行登记和归档处理，并按年份分类管理、编目归档，提高设备档案材料的收集、归档质量。设备管理部门应根据本部门的实际情况制定《仪器设备档案管理制度》《仪器设备保管制度》《仪器设备档案管理及使用制度》等，建立和健全校、院系两级档案管理制度，实行设备建账、建卡制，要求账卡一致，逐步形成“专管共用，资源共享”的有效机制，使设备档案的收集和归档工作有章可循，为高校日常工作需要提供档案服务。

概括地说，高校设备档案是指作为学校固定资产的仪器、设备在其购置、验收、调试、运行、管理、维修、改造、报废等全部活动过程中直接形成的、具有保存利用价值的文字、图表、声像载体材料以及随机材料。高校设备档案管理工作主要包括设备档案的收集、归档和管理。

（一）设备档案的收集

设备档案的收集工作比较复杂，档案管理部门应根据各种设备的不同情况，抓住各个关键环节，分别做好设备档案的收集工作。一般包含自制设备档案和外购设备档案，以外购为主。对于自制设备档案的收集，高校使用的某些专用设备，需要自行设计制造。对这类设备档案的收集，可以借鉴机械产品档案的收集经验，抓住设备鉴定这个环节，集中做好有关科技文件的归档收集工作。

对于外购设备档案的收集，应抓住两个环节：

第一，设备开箱验收。外购设备到货开箱验收时，及时清点和收集随机科技文件，可有效地防止随机文件的散失与损坏。对其中设备安装、调试等活动急需的科技文件，也要先收集归档，经过登记后再借出使用或复制后将副本借出使用。

第二，设备安装、调试完毕。外购设备在安装、调试（试车）过程中还会形成设备精度检验记录、设备性能检查与运行记录、设备安装基础竣工图、设备安装验收记录和设备移交使用记录等科技文件，应在设备安装、调试完毕后及时收集归档。

此外，在设备的使用过程中，将陆续形成一些使用规范和维修、更新改造等方面的科技文件。为保证精度，设备要定期大修，这时不仅要更换磨损的零件，还要对相关的部分进行调整，这将形成许多新的技术文件。因此，对各种设备档案的收集，还应注意抓住其大修这个环节，及时收集相应形成的科技文件，以保证设备档案的完整与准确。

高校设备档案的收集工作不同于其他企业单位，也不同于文本材料的收集工作，高校设备档案的收集主要针对高校的教学仪器、大型设备具有收集价值的物品，一般是指学校固定资产原值在10万元以上的，通常分为设备申购、设备开箱验收、设备使用和设备维修、设备报废处理四个阶段。设备档案所收集的材料主要围绕这四个阶段开展。

1. 设备申购阶段

设备申购阶段形成的文件资料一般包含设备的购置计划申请书、报价单、设备购置技术论证材料、设备购置批准书、设备购置订货合同、设备到货通知书、提货单、报关单、发票单据及运单等。

2. 设备开箱验收阶段

设备开箱验收阶段形成的文件资料一般包含设备开箱验收记录、装箱单、设备安装调试记录、商检证书、索赔报告、保修单、设备结构原理图、线路图、说明书、操作手册、维修保养说明书等所有随机文件。

3. 设备管理使用和维修阶段

设备使用和维修阶段形成的资料有：设备履历书（包括设备的编号、类型、名称、型号、规格、制造厂、开始使用日期、设备的技术状况、验收结论、附件明细表、备件明细表、所附技术资料及说明书、增加或减少价值的变动记录、移交接收记录、操作规程、事故及损坏记录、折旧鉴定、保养、检修、检查记录等）、使用记录、维修记录、事故记录、功能开发和技术改造记录等。

4. 设备报废处理阶段

设备报废处理阶段形成的资料有：设备报废申请书、设备报废鉴定与审批材料、设备报废处理转交单等。

（二）设备档案的归档

设备档案的归档主要是根据设备项目所附属的材料，包含开箱验收、安装调试、运行维修、随机文本等，归档的重点是设备在各个环节形成的不同载体的文件资料，包含学校的设备计划、采购供应、使用单位等都要分类归档，尤其是作为学校的固定资产，从申购设备到验收完毕过程中的管理性文件和技术性文件均归口设备管理部门负责收集、积累，过程结束后移交档案部门。设备保管使用部门要负责设备随机文件材料以及设备开箱、调试验收、使用记录等文件材料的收集、积累并及时整理登记移交设备管理部门。重大设备的开箱验收必须有学校档案室加以监督、检查、指导设备文字材料和技术文件的清点、验收工作，并在验收记录上签字、盖章。档案员应负责做好设备文件材料的积累、整理分类、编目、装订、保管工作，并按要求向学校档案室移交案卷目录。

特别强调的一点是在仪器设备档案归档文件、材料的收集整理工作中，尤其要注意收集高校仪器设备利用率管理的材料。仪器设备的利用率是仪器设备价值最大限度利用的最基本参考依据，仪器设备利用情况和利用效果记录是实现仪器设备价值和资源共享的前提，对实验室教学人员提高工作效率有参考借鉴作用，可节约人力资源。

（三）设备档案的管理

设备档案管理一般包括保管、统计、检索、利用四个方面。档案的保管工作是为了保证档案实体保持井然有序的理化状态，工作内容就是对整理好后的档案进行日常管理，既要使档案在库房有序的存放，又要保护档案实体不受损害，这是基本保管工作。统计工作是指对档案及档案管理活动的所有事实数据进行随时记录和量化统计，并根据登记的数据分析其状况，为管理工作提供数据依据，使工作决策更加科学合理。档案的检索工作是为开展利用档案信息构建桥梁，工作内容是通过采用专门的方法将档案材料的信息进行加工处理，编制成不同的检索目录，方便人们快速找到自己所需档案。为了档案信息的有效利用，充分发挥档案信息的社会价值，扩大档案的影响力，要通过信息化管理迅速地将档案提供给利用者，这是设备档案的信息化管理。

设备档案管理要建立和健全各种规章制度，加强设备档案材料的管理，设备档案资料的管理主要是制度管理。例如：归档验收需由设备管理部门的档案员填写移交目录。设备档案资料收集过程中也必须重视移交目录的作用，因为设备档案资料复杂多样，孤本较多，设备使用中需经常参考，故资料的安全性很重要，它涉及使用、维修、索赔等方方面面。

三、档案信息化的内容

根据《全国档案信息化建设实施纲要》，应以档案网络建设为基础，以档案信息资源建设为核心，以扩大档案信息资源开发利用为目标，加快推进档案资源数字信息管理标准化、信息服务网络化的进程。

高校设备档案信息化建设应该包含信息化基础设施建设、信息化资源建设、管理应用系统建设、信息化标准规范建设、信息化人才队伍建设、信息安全保障体系建设六个部分。

（一）信息化基础设施建设

软硬件基础设施是档案信息化建设的物质条件，是档案信息资源开发利用和信息技术应用的基础。软硬件基础设施的核心是信息网络，充分利用网络环境构建档案信息网络平台是实现高校设备档案信息化管理的前提条件，高校要大力推荐运用计算机管理档案，提高高校设备档案信息化管理的网络技术的应用程度。高校档案信息基础设施建设的主要任务有两项：

1. 配置信息处理设备

在硬件设施上，首先要配备计算机、服务器、扫描仪、数码摄像机、复印机、打印机等信息处理设备，配足、配齐构建档案信息处理的硬件环境，提高应用计算机管理档案的普及率。

2. 建设和完善档案信息网络

对于高校，根据服务对象和服务范围的不同，档案信息传输、利用的网络环境可分为三个层次——校内局域网、连接政府各部门的政务网、连接公众的外部互联网。三网一般实行物理或逻辑隔离，形成相对独立的网络体系。

（二）信息化资源建设

档案信息是国民经济和社会发展的战略资源之一，它的开发利用是档案信息化建设的核心内容，标志着档案信息化发展的水平，决定了档案信息化建设的成效。

资源建设是指在档案整个生命周期中合理应用信息技术，提高档案管理效率，包括以下几点内容：

1. 资源创建

采用各种手段将档案转化为数字档案及其加工信息（原文信息、目录信息和编研信息）即数字档案信息资源的过程就是资源创建。

档案信息资源建设的具体任务首先包含档案目录数据库建设，档案目录是档案信息资源与档案用户之间的桥梁，也是档案资源管理的必要工具。随着计算机在档案检索过程中的引入，机读目录的价值越来越为档案界所重视，20世纪80年代末起档案机读目录建设就摆上了议事日程，成为我国档案信息化建设的先行工作之一。档案机读目录又称电子档案目录，根据目录著录对象的不同，分为机读文件目录和机读案卷目录等。目前，随着《归档文件整理规则》的推行，档案机读案卷目录的功能逐渐退化，而对档案机读文件目录的要求越来越高，机读文件目录的著录内容和数据格式得到了进一步的规范。

2. 资源管理

数字档案信息资源层次丰富、种类繁多，需要档案工作者对其进行有效管理。实施档案信息化管理，以档案信息资源为内容，以档案资源管理、共享为目的，以信息技术及其软硬件设施为手段而构建的各类档案信息管理系统。档案管理应用系统建设作为档案信息资源管理的技术保障，关系着档案信息化建设的速度与质量，体现了档案信息化建设的效益。

文件是档案的前身，在数字形式的文件占形成文件比例越来越大的今天，电子文件将成为未来档案的主要来源。加强对电子文件的归档管理，制定电子文件归档管理规范，实现从电子文件到数字档案的“无缝连接”，是档案信息资源建设最艰巨的任务。最后是档案的数字化。档案数字化是指档案部门利用扫描技术、多媒体技术、数据压缩存储技术、压缩存储技术等将传统介质的纸质档案、缩微档案、声像档案等，通过扫描、拍摄、采集，转换成为可在计算机系统中存储，在网络环境中传输的格式规范、结构有序的数字档案的过程。根据数字化对象的不同，档案数字化可分为纸质档案数字化、照片档案数字化、声像档案数字化和缩微胶片档案数字化等。档案数字化的实质是传统档案信息向现代数字环境的迁移，是为了解决传统档案信息对数字环境的不适应性而采取的技术措施。因此，档案数字化是一项解决“存量档案”的阶段性工作。虽然目前任务繁重，但随着办公自动化的发展，电子文件逐步替代了非数字文件，档案数字化的压力将逐渐减小。对于档案的数字化任务，《纲要》的要求是“积极推进档案数字化进程，加强对珍贵、重要档案的保护，提高档案利用的效率和水平。以现实需要为前提，分阶段、分步骤实施，并要求试点单位逐步实现馆藏重要全宗纸质档案和照片、录音、录像档案的数字化，建立馆内数字化综合应用平台。”

但总体来说，档案信息资源都是以电子形式保存起来的，但由于数字档案易失真和丢失，因此在保存过程中要注意备份、迁移、载体转换、访问和安全控制等维护工作，另外对电子文件还要价值鉴定、收集、统计等工作。

3. 资源服务

由于档案信息化档案信息资源除了通过出借、复制等方式服务于社会，更多的是被用户通过档案原文浏览、网上展览、档案目录检索等网络手段获取所需信息。

（三）管理应用系统建设

用于管理档案信息资源的计算机系统就是档案管理系统，而对该系统的设计、实施与维护工作就是系统设计与管理。系统设计与管理的任务较多，有计算机及其相关设备的购置和部署、备份与认证等安全保护技术的确定、管理软件的开发与维护等。档案管理应用系统建设主要包含档案管理软件的开发与推广、高校设备档案信息系统的构建、基于互联网的档案网站建设、数字档案馆建设。档案网站是档案部门在信息网络上建立的站点，是档案部门面对全校师生的窗口，它以网页和数据库的方式提供信息和相关服务，构成信息网络的一个节点。数字档案馆是以一个或多个实体档案馆为基础，综合采用现代信息技术，在网络环境中集成数字档案资源，提供档案信息服务，实现档案资源共享的档案信息管理集成系统。总之，要进一步提高档案管理软件的技术和应用水平，在高校应用符合规范的档案管理软件，为保证档案信息交换、实现档案信息资源共享创造条件。

（四）信息化标准规范建设

1. 法规政策的健全

设备档案信息化建设过程中，新的信息化技术、计算机网络管理方式、电子化的工作内容等不可避免地带来了一些问题，如电子文件的保存要求、信息开放原则及档案信息化发展途径等，这些都需要国家将档案信息化纳入行业信息化发展战略中，制定与信息社会发展相适应的档案信息化政策，推动相关配套行政规章的制订和完善。

2. 体制和机制的完善

《档案法》规定，档案管理体制为统一领导、分级管理，而档案信息化建设却使得问题变得复杂化，我国目前仍未建立分工合理、责任明确的档案信息化体制；需进一步研究和制订电子公文归档、电子档案管理、档案信息公开和上网安全、网站建设与管理等方面的行政规章，形成有效的档案信息化建设激励约束机制，推动档案信息化建设有序开展。

3. 完善设备档案信息化标准体系

设备档案的管理过程中的各种问题需要标准规范来解决，而通过信息化技术转化后的数字档案比传统的标准化要求更高，研究制订档案信息化标准，采取切实措施进行宣传与贯彻，优先制订电子文件归档，档案信息采集、整合和安全管理等方面的标准，加快建立健全档案信息化标准实施机制，实现全社会信息共享。

（五）信息化人才队伍建设

人才是信息化建设的成功之本，重视信息化人才的培养，提高档案从业者的信息素养和信息技能，造就一支适应档案信息化建设需要的人才队伍，是档案信息化建设的重要内容。因此，设备档案信息化建设不仅要求有更完善的法规政策，同样也要求有更为专业的设备档案人才和技术人才，与其他行业相比，档案信息化人才形势更加严峻，人才资源紧缺严重制约着档案信息化建设的发展，以人为本，加强人才队伍建设已经成为档案信息化建设的当务之急。坚持高校档案部门的领导干部进修制度，把与档案信息化建设相关的计算机应用基础知识、数字化技术知识、网络技术知识、现代管理技术知识等列入指导性教学计划；加强对档案业务人员应用新技术、新设备、新方法的培训，普及专业技术知识，提高档案业务人员掌握和运用现代化技术的技能，同时也需要以提升待遇来吸引人才和留住人才。

（六）信息安全保障体系建设

高校设备的档案信息不同于一般信息，档案记录了高校发展的历史过程，同时，还涉及高校大型仪器设备、国有资产以及一些高科技实验设备等，高校设备档案有些会包含敏感信息，具有保密性和利用限制性。这些信息一旦泄密或被非法利用，将会威胁社会发展甚至是国家的安全，损害国家利益。因此，必须建立安全保障体系来严格管理对高校设备档案的合理利用。而数字网络环境的不稳定、不安全及数字档案载体脆弱、易变等特点，使得档案信息的安全措施变得更为复杂。因此要组织建设档案信息安全保障的体系框架，逐步完善档案信息安全管理体制。高校档案部门要加强对计算机档案管理系统的管理，确保档案数据库安全；加强对电子文件归档工作的监督和指导，保证归档电子文件的真实、完整、有效；档案部门的内部局域网要切实与一切外网实行物理隔离，加强身份认证和密钥管理，确保档案信息网络传输的安全。同时，高校内的每一位教师都要有信息安全意识，防止失密、泄密的发生。

四、高校设备档案管理信息化原则

高校设备的档案管理信息化的原则主要包括三个，即“双轨制”归档原则、全程管理原则和界面管理原则。

（一）“双轨制”归档原则

双轨制是指以纸质档案文件为正本、电子文件为副本进行归档的方式，即将档案信息化资源纸质和电子文档形式双重备份，并分别归档，这是当前高校选择档案管理方式最常用的一种。由于目前电子文件的法律效力不够，选择“双轨制”归档既可以实现档案的凭证作用和法律效力，又能够利用电子文件的便捷性，使档案资源被用户有效利用和安全使用。高校遵循“双轨制”。

归档原则的关键是，丰富档案检索工具，建立健全档案检索渠道，改变师生检索工具匮乏的现状，最大限度地实现高校教学资源的共享，有效提升教学质量和教师教学积极性。目前，我国高校的档案管理工作大多采取纸质和电子文档一并归档的“双轨制”归档方式，将其融入教学各个环节中，但由于受学校领导的重视程度、人员专业素质、信息化设备等因素的影响，部分学校实现的效果较差，因此我国高等学校的档案机构应力求将该方式做得更好。

（二）全程管理原则

全程管理是电子文件管理的重要原则，是由何嘉巧等人在“文件连续体理论”中提出的概念。全程管理原则是指在教学活动执行过程中，要对文件产生、保管、鉴定到最后利用销毁的整个档案生命周期的全程管理。根据档案生命周期理论，全程管理需要一个长期过程，根据当前教学档案的客观运行规律，掌握每个相互环节，注重生命周期内每个阶段的所有管理活动，做好档案文件生成、保管、利用和销毁等过程的监控，更好地保障档案生命周期。

（三）界面管理原则

界面主要是指各种仪器设备及其他组件之间结合部分即连接口，反映了两种物体间的结合状况，因此逐渐被引入到管理活动中。管理中的界面主要是指解决某一问题或完成某一任务，包括企业与企业之间、部门与部门之间或各种机器设备在信息、资金等方面的交互作用状况。高等学校作为社会组织的一种，其教学档案界面管理是指在完成教学任务或档案管理任务之后，确定教学单位、组织部门及有关师生成员的关系，是一种互动交流。遵循界面管理原则，可使高校领导、教师与学生间有更多更深入的交流，增进师生关系，最终实现提升教学质量最优化的目标。

五、理论基础

（一）设备全生命周期理论

产品生命周期PLC指的是产品在使用的整体过程中的寿命。产品生命类似于人的生命，需经历产生、成长、到成熟、最后衰退的周期。通过以提高设备运行可靠性为目标，把设备的各项信息以电子报表的形式进行台账化管理，通过获得的各项数据信息以定期维护保养为核心，以日常维护保养管理为手段，建立一个相对动态化的、系统化设备管理体系。将原本的设备管理从固定的、具有较强局限性模式改为相对动态的系统化的设备使用周期内全过程档案管理，在有限的资源条件下将原来亡羊补牢式的事后补救模式转变成事前预防的流程，使设备管理贯穿于全生命周期之中。

本课题主要研究在“互联网+”背景下，将“资产全生命周期管理”理念引入高校设备档案管理中，即对设备的前期购置、中期维护、后期处置三个阶段形成的材料的流程管理，将设备的申报、采购、验收、储存、分配和处置的整个过程纳入档案信息系统中，进行实时信息与过程的管理理念。从设备档案管理制度、设备档案管理资源利用、软硬件设施配备、设备档案人员结构和设备档案信息化重视程度五个方面阐述高校设备档案管理信息化现状，分析设备档案管理信息化存在的问题及产生的原因，针对这些问题，提出应完善设备档案原始材料的收集和归档、实现设备档案存储的数字化转换、搭建科学的网络运行环境、加强设备管理人员的信息化培训、建立设备档案的开放共享管理体制和构建设备档案的信息化网络管理平台等可行性策略，以适应目前高校设备档案管理发展的需要。

（二）档案价值鉴定理论

档案价值鉴定工作直接决定着档案的命运，是档案管理工作的重要内容。档案价值鉴定理论经历了酝酿准备期、初步形成期、逐步成熟期和进一步发展期四个阶段。

1. 酝酿准备期

该时期发生在1789年到19世纪末，法国、奥地利、俄国等国家先后颁布了档案鉴定工作的国家规章，建立了集中统一的档案工作体系。这些实施档案鉴定的规章制度虽然过于简单，但对档案价值鉴定理论的产生起了萌发作用。

2. 初步形成期

随着社会经济文化的发展，各国对档案鉴定的规章制度逐渐系统化，档案学家对档案工作的研究逐渐深入，先后提出了诸多理论，如德国迈斯奈尔的年龄鉴定论、波兰卡林斯基的智能鉴定理论、英国詹金逊的行踪官员鉴定论及苏联的档案鉴定理论。

3. 逐步成熟期

20世纪中期至20世纪70年代末，各国科技文化技术飞速发展，各种类型的档案不断出现，在这时期，档案学家提出了两种具有代表性的档案价值鉴定理论，即双重价值鉴定理论和利用决定论。前一理论是由美国档案学家谢伦伯格提出的，认为公共文件具有两种价值——对原始机关的原始价值和其他机关的从属价值，标志着档案价值鉴定理论逐渐迈入成熟时期。后一理论的主要代表人物是米耶·菲斯本等，把利用者的需求作为鉴定档案价值的首要标准，而忽视了广大公众的普遍利用需求。

4. 进一步发展期

20世纪80年代以来，档案价值鉴定理论进一步发展，出现了新职能鉴定理论和社会分析与职能鉴定理论。前一理论是对传统职能鉴定理论的发展，强调社会层面的社会职能对文化价值鉴定的重要性。后一理论是由德国汉斯·布鲁斯提出并加以修正的，认为档案的价值取决于人民大众，而档案应通过文件形成者的职能来体现社会价值。

六、高校设备的档案价值鉴定原则

档案价值鉴定是依据一定的原则、标准对档案文件的现实价值和历史价值进行甄别、判定，对档案文件做出存、毁处置的一项档案管理业务工作。文书档案与设备档案是两种不同性质的档案，对二者进行价值鉴定应遵循的原则也有所不同。

（一）综合分析原则

对于高校设备档案的鉴定，首先，要以党和国家的各项方针政策为指导，科学、准确地分析判定档案的价值，同时要以高校发展为全局，统筹考虑设备档案的查考和利用价值。其次，通过综合分析、审视每份具体文件所反映的内容和外部特征等各种因素判定其保存价值。最后，要根据档案的来源特征，科学预测档案对形成单位、国家和社会的各种需要以及高校的发展，正确判定档案文件是否具有保存意义。

（二）历史发展原则

要通过历史的观点，根据档案形成的时代背景和社会条件，科学、准确地分析判定档案文件是否具有保存价值或有无继续保存的必要。档案是历史的原始记录，分析、判断档案的价值必须结合形成档案的历史环境，以历史的眼光判定档案的价值。一是要考虑档案形成的历史时间。二是要保持档案之间的历史联系。三是要维护档案的历史原貌。维护档案的历史原貌本来是对档案整理的要求，其对档案的价值鉴定同样具有重要意义。

（三）可持续发展原则

在进行档案价值鉴定中，要充分估计到档案对未来政治、经济、文化、科学等各方面的利用价值。由于档案价值具有时效的扩展性特点，随着时间的推移，现在有用的档案将来有可能没用，现在尚未有人查阅利用的档案将来也可能有用。因此，在档案价值鉴定中，要用发展的眼光分析判断档案的价值。

（四）技术性原则

技术因素是决定和影响高校设备档案价值大小的关键性因素，而技术含量是设备档案保存和利用价值的具体体现。因此，在设备档案鉴定中，必须以其技术含量的高低作为衡量和鉴别档案保存和利用价值的重要尺度。

（五）典型性原则

典型性原则要求在设备档案价值鉴定中，应充分考虑档案在历史上科学发展与技术创新中所具有的典型代表性意义。在科学技术活动中，记录典型科技成果的档案，不仅反映了科技水平下特殊历史发展阶段的历史，也体现了相关科技活动不断发展进步、科研能力不断创新提高的过程。因此，具有典型代表性意义的设备档案必须重点保存，不能轻易判定销毁。

（六）功能性原则

功能性原则要求在设备档案价值鉴定中，必须密切联系某件设备档案的具体功能作用去分析判断其是否具有保存价值。由于设备档案在项目进展的不同阶段，会形成和积累一件件不同形式、不同内容的档案，这些复杂多样的档案共同构成了一整套档案，而在这一整套档案中每件档案的功能和作用是不同的，因此，在设备档案价值鉴定中应分析鉴别每份档案的具体功能和作用，以此判断其是否具有保存价值。

Unit Three

第三章
高校设备档案管理现状

一、我国科技档案事业的发展历程

设备档案属于科技档案的一种。我国科技档案事业的发展大致经历了创建时期、恢复整顿和调整时期以及改革发展时期三个阶段的发展历程。

（一）创建时期（1949—1976）

新中国成立以后，伴随着现代科学技术和大工业生产的日益发展，积累了大量的科技档案，并需要充分利用科技档案资源为经济建设服务，我国科技档案的专门管理工作从此开始创建。1956年3月，国务院成立了科学规划委员会。周恩来在《关于知识分子问题的报告》中强调指出：要为发展科学研究准备档案资料、技术资料等必要的工作条件。1957年发布了《关于改进档案、资料工作的方案》（以下简称《方案》），这是我国第一个有关科技档案的文件。《方案》对科技档案工作的意义和管理状况进行了全面分析，它在我国科技档案事业建设与发展的历史上有重要地位。1959年12月，在大连会议上研究了《技术档案室工作暂行通则草案》，会议区分了科技档案和科技资料的概念。1960年发布了我国科技档案工作的第一个较为完备的法规性文件《科技档案室工作暂行通则》，这标志着我国科技档案事业建设与发展的开始。1966—1976年这一段漫长的特殊历史时期，我国科技档案事业遭到了严重的破坏，我们应该深刻地记取这一历史教训。

（二）恢复整顿和调整时期（1976—1996）

党的十一届三中全会以后，开始了我国科技档案的恢复和整顿工作。1979年8月，在北京召开全国档案工作会议，会议强调了要大力加强科技档案工作。1980年12月，国务院发布了《科学技术档案工作条例》，这是更加完备的科技档案工作法规。1981年1月1日，国家正式颁布《中华人民共和国档案法》，这是我国档案事业法规建设的重要里程碑。1990年10月24日，国家档案局发布了《中华人民共和国档案法实施办法》，这对我国科技档案事业的发展产生了重大影响。

（三）改革发展时期（1977—至今）

20世纪90年代后期，国家深化社会市场经济体制，建立现代企业制度，调整政府与企业的关系，进行了重大的体制改革和机构撤并，在此背景下，对于国有企业科技档案工作的改革提出了要求。1997年，国家档案局颁布了《国家重点建设项目档案管理登记办法》；1999年颁布了《CAD电子文件光盘存储、归档与档案管理要求》，这对于数字式科技档案的管理具有重大意义。2002年，发布了《国家重大建设项目文件归档要求与档案整理规范》等。

2021年中共中央办公厅、国务院办公厅印发《“十四五”全国档案事业发展规划》中强调，要完善档案信息化发展保障机制，主动融入数字经济、数字社会、数字政府建设，推动档案全面纳入国家大数据战略，在国家相关政策和重大举措中强化电子档案管理要求，实现对国家和社会具有长久保存价值的数据归口各级各类档案馆集中管理。地方各级党委和政府将档案信息化纳入本地区信息化发展规划，机关、团体、企事业单位和其他组织将档案信息化纳入本单位信息化发展规划，保障档案信息化建设依法依规开展。

二、我国高校档案的发展历程

我国高校档案的发展从管理的角度经历了档案资料管理阶段、档案分散管理阶段、档案集中管理阶段、档案多元化管理阶段四个阶段。在“文革”时期，我国档案遭到了严重破坏，党的十一届三中全会以后，我国档案工作开始恢复整顿；1998年1月1日，国家正式颁布实施了《中华人民共和国档案法》，标志着我国档案工作从此走上法制化，是我国档案事业发展的重要转型时期；20世纪90年代后期，国家颁布了《国家重点建设项目档案管理登记办法》，以促进国家档案管理的规范化和标准化，同时，国家实施经济信息化战略，“三金”工程的启动加快了整个社会的信息化进程，2002年11月，国家档案局颁布了《全国档案信息化建设实施纲要》，成为我国档案信息化过程中的里程碑文件。

（一）档案资料管理阶段（20世纪初至20世纪50年代）

20世纪初期，我国高等学校开始出现，在一些历史悠久的高校中仍能查询到当时的学生学籍，学校管理工作留存的文件资料，学校的教材、刊物等，这些就是高等学校档案管理开始的标志，因此，高校档案管理的开始可以追溯到我国有高等学校出现。在中华人民共和国成立前的战争年代，很多高校被迫停课、流亡，在此期间很多珍贵的历史档案散佚。中华人民共和国成立后档案管理工作再次受到重视，政府开始大力收集革命历史档案，成立专门的档案管理机构，中国第一历史档案馆和第二历史档案馆就是在20世纪50年代初的时候成立的，并开始征集、整理一些历史资料，保护了大批历史文化财产，中华人民共和国成立前一些高校的部分档案才得以保存。

（二）档案分散管理阶段（20世纪50年代中期至20世纪80年代末）

1954年我国成立了国家档案局，之后各级档案机构开始逐渐建成。1955年中国人民大学创办了历史档案系，成为新中国第一个高等档案教育机构。高校档案管理这个时期主要以对纸质档案管理为对象，还没有档案管理的统一标准，唯一标准就是学校各项管理的成绩，这些档案以资料的形式由各个档案形成的管理部门进行管理，各个管理部门都有档案管理工作，由于档案的数量有限，还处于分散管理的工作阶段。

1966年“文革”使刚刚建立起来的档案事业遭受摧残，大量档案遭到严重破坏，造成了不可弥补的损失。1976年“文革”结束后，档案工作才有所恢复，1987年，全国人大常委会通过并颁布了《中华人民共和国档案法》，使我国档案管理工作进入了一个依法治档的新时代。随着档案数量的增加，高校开始出现专门的档案管理部门，主要的管理理念是“后控制”思想，档案形成部门对归档之前的准档案进行管理、使用、处理，档案部门的职能只有在这些文件归档后才发挥作用，高校专门的档案管理工作初见成形。

1979年8月，在北京召开全国档案工作会议，提出了档案工作“恢复、整顿、总结、提高”的具体任务，要求尽快地把各级党政机关和人民团体、企业、事业等单位的档案工作恢复和健全起来，重建遭到破坏的各级档案机构及其各项规章制度和工作内容。全国档案工作会议强调，在社会主义现代化建设中，科技档案和科技档案工作具有十分重要的作用，要大力加强科技档案工作。这预示着我国的科技档案事业从此进入了一个以恢复、整顿为主要内容，并在此基础上进行总结和提高的新的发展时期。

高校设备档案是科技档案的重要组成部分，国家档案事业的恢复、整顿，正值我国改革开放政策初步实施阶段，因此，恢复原有的工作基础和解决新产生的问题交织在一起，加重了广大高校设备档案工作者的任务。同时，也促进了全国高校设备档案管理的进一步拓展，这一历史时期，我国高校设备档案事业的发展取得了令人瞩目的成绩。

（三）档案集中管理阶段（20世纪80年代末至2008年）

1987年《中华人民共和国档案法》实施后，又下发了《关于加强高等学校档案工作的几点意见》一文，绝大多数高校此时开始建立起档案馆或者档案室。国家教育委员会为了贯彻落实《档案法》，于1989年出台了《中华人民共和国普通高等学校档案管理办法》，这标志着我国高等学校有了统一的档案管理规章，改变了我国高校档案管理分散、不统一的局面，高校档案管理工作逐步走上了门类齐全的集中管理的阶段。20世纪90年代，计算机技术的广泛应用使得档案管理工作的方式发生了巨大的改变。

1. 高校档案集中管理的领导责任机制

集中管理即高校档案管理工作从档案形成开始由高校专门的档案管理部门统一进行，档案管理工作列入高校工作的统一部署，按照高校统一的管理工作标准和规章制度进行，同高校其他各项管理工作一样直接接受高校主管领导的监督和管理，同时高校领导对档案管理工作也负有直接领导责任，尤其是对高校大型设备档案。

2. 高校档案集中管理的管理理念

相对于高校档案管理工作初现时候的“后控制”思想，集中管理阶段的高校档案管理工作开始逐渐同高校发展同步进行，甚至有些时候参与高校的管理工作，改变了档案管理工作的后控制地位。档案管理工作开始积极争取高校领导的支持和帮助，了解管理部门工作的大事件，参与学校管理活动，明确管理工作中信息资源的价值与潜在价值，先于归档完成鉴定工作，对下一阶段的档案管理工作进行指导并提出具体要求，保证档案管理工作的全面控制。

计算机技术和网络的广泛应用，使电子档案的归档成为必然。档案管理中纸质档案和电子档案共存是本阶段档案管理的基础，电子档案与纸质档案一一对应，集中统一管理。对没有电子记录的档案进行数字化加工，海量档案信息利用服务，是档案价值开发的手段之一。在无纸办公的条件下形成的档案，原始纸质档案是最真实、最可靠的记录，为了保证档案存真求实的作用，必须做到档案的纸质记录与电子记录的共存，二者共存可以互相补充，提高档案管理工作的效率，也是本阶段高校档案管理工作必须坚持的原则。

3. 高校档案管理工作的方式

《普通高等学校档案管理办法》的实施，使高校档案管理工作有了标准的指导，归档内容按照《高等学校档案实体分类法》进行分类，包括党群类、行政类、科研类、基建类、财会类、仪器设备类、外事类、实物类等类别。本阶段我国高校档案管理工作由高校的专门档案管理机构——档案馆（室）负责统一指导，协助做好各项归档工作，这是本阶段高校档案管理工作的主要收集方式。少数历史久远的高校也进行了校史档案的收集与征集，来补充历史档案的不完整，但是还未形成一种常态的档案收集工作。高校档案管理工作的保管鉴定方式主要是在档案收集过程中按照档案归档办法对文件资料进行的筛选，在归档后对档案进行审核、组卷、保管。高校档案管理工作的服务利用方式主要是检索档案、查询档案、提供档案证明材料。档案的利用服务主要体现在学生学籍档案的利用，高校管理工作中文件、制度规章的利用，基础建设的辅助工程利用，校史志的编研工作的利用和学校学生管理、人力资源管理的基础信息利用服务。

（四）档案多元化管理阶段（2008 年至今）

近年来，高校档案管理工作的开展也面临着很多新问题，同时也迎来了新的发展机遇。2008年教育部和国家档案局联合制定颁布的《高等学校档案管理办法》，是高校档案管理工作规章中首次以中华人民共和国教育部令的形式发布的，高校档案管理工作有了新的法规性的标准作为指导，至此高校档案管理工作也进入了一个新的发展阶段。

进入21世纪后，信息网络技术的广泛应用，特别是电子政务的快速发展为档案信息化建设注入了新的活力，各高校全力推进全国档案信息化工作。加强高校档案信息化建设成为“十五”期间档案事业的基本目标之一，在《全国档案事业发展“十五”计划》的九条工作任务中，第五条专门列举了档案信息化建设的五项内容：吸收、采纳转化有关电子文件归档和电子档案管理的各类标准并制定相应的办法与标准，实现电子文件即时归档；加强对电子文件积累、著录、归档工作的监督、指导，保证有保存价值的电子文件齐全、完整、有效；探索档案馆电子档案接收、保管利用的方法；组织力量研究解决电子文件归档管理技术方法、电子档案科学保管技术方法、电子档案远程利用技术方法、电子档案原始凭证作用等课题；加快现有档案的数字化进程，建设完善一批内部局域网，实现馆藏开放档案目录的网上查询和浏览服务等。

2008年教育部对72所部属高校的档案管理工作的基本情况进行了调查，根据调查，我们得到的数据为：截至2007年底，教育部直属高校档案馆（室）共有72个，其中，档案馆61个，档案室11个；合计共有档案工作人员1129人，其中，专职档案工作人员750人，兼职档案工作人员379人；馆（室）所藏档案案卷资源丰富，数量巨大，共藏有4841129卷，其中，中华人民共和国成立前档案案卷为66761卷；高校档案馆（室）的馆藏数量以平均每年9.49%的速度递增；72所直属高校开放档案1432328卷（件），年利用档案198166人次，利用档案数量共500287卷（件）。

根据调查我们可以发现，我国高校的档案管理工作还处于滞后高校发展的水平，2008年《高校档案管理办法》实施后，我国高校的档案管理工作开始向着新的目标发展。

1.《高校档案管理办法》明确了高校档案管理工作的体制和保障机制，高校档案的主管领导和档案部门的领导开始逐渐重视档案的管理工作，提高了对高校档案信息化建设重要性的认识，将档案信息化建设列入了高校管理工作计划。

2. 高校档案资源数量巨大，有着潜在的利用价值，对档案资源的开发和档案资源的开放、共享能够使档案的管理工作迈上一个新台阶。很多高校正在积极做准备工作，进行档案信息资源的数字化管理、数据库充实，为高校档案资源建设的“大档案”环境打基础。

3. 无纸化办公形成的电子档案，内容丰富信息含量大的声像类档案，能够展现历史面貌的实物档案等在这个阶段也开始被重视，馆藏数量逐年递增。多元化的档案载体形式，使档案利用服务也多元化，除了档案展示和档案编研等档案服务方式，还在逐步向档案信息资源的网络化应用发展。

4. 诸多高校将档案管理工作作为一项基础性、长远性的工作，注重档案管理工作的机构设置、人员编制、经费投入、基础设施建设以及档案信息化建设，有了这些强有力的制度和物质条件保障，高校的档案管理工作一定能够抓住机遇应对时代的挑战。

三、我国档案信息化发展进程

我国高校设备档案信息化的发展是我国档案信息化建设的一部分，是随着国家信息化的发展而发展起来的，在我国档案信息化发展进程中，概括来说大致经历了三个阶段。

（一）萌芽起步阶段（20 世纪 70 年代末至 90 年代初期）

档案信息化的起步以计算机技术的发展为基础。20世纪70年代末80年代初，随着计算机的引入，我国档案界开始尝试运用计算机管理档案。1979年起，国家档案局档案科学技术研究所，四川、辽宁、江西等省档案科学技术研究所，以及中央档案馆、中国人民解放军档案馆等个别大型档案馆陆续购置计算机设备，进行档案管理自动化课题的研究和实验，编制出一些简单的档案检索程序，初步积累了计算机辅助档案管理的一些经验，在此基础上培养了部分技术人员。

20世纪80年代初，绝大多数高校不具备配置计算机的条件。资料显示，至1985年底，全国总共只有二十多个档案馆配置了当时而言比较先进的计算机设备，但开发并成功运行计算机档案管理系统的仅限于中央档案馆、中国第一历史档案馆、中国第二历史档案馆、中国人民解放军档案馆、中国照片档案馆等少数实力雄厚的国家级档案馆。这些实验性应用系统尝试使用数据库管理档案目录，多数只是建立一个简单的目录数据库，自行开发应用软件，档案系统的功能局限于用计算机来辅助档案编目与检索。

1985年召开全国档案工作会议以来，随着计算机软硬件技术的发展和档案管理自动化研究的深入，计算机辅助档案管理的范围开始从检索、统计向各个环节扩展，计算机档案管理系统由实验性系统向实用化系统转变。

（二）快速推进阶段（20 世纪 90 年代中期至 21 世纪初）

20世纪90年代初，国家实施经济信息化战略，“三金”工程的启动加快了整个社会的信息化进程，计算机应用成为普遍的工作方式，办公自动化（OA）、计算机辅助设计（CAD）等应用的发展，电子文件的类型和数量迅速增加，对档案管理提出了严峻的挑战，保证数字档案的原始性、真实性、完整性和可靠性成为档案管理的巨大挑战。1999年国家档案局发布了行政规章《电子文件归档及电子档案管理办法》，对公文类电子文件和电子档案的收集、整理、归档、保管、利用等做出了规定。电子文件的大量问世，使电子文件的归档与管理成为档案信息化过程中的核心问题。

随着计算机档案管理系统的开发，软件的通用性越来越强，档案管理软件系统功能更加完善，从基于机读目录的编目、联机检索系统的发展到基于外部存储的档案全文信息系统，从一般的档案管理到文档一体化管理，从封闭的单机系统到基于局域网的档案网络管理系统，档案管理软件的标准化、通用性程度不断提高。2001年6月国家档案局发布了《档案管理软件功能要求暂行规定》，对档案管理软件进行了严格规范，这一阶段档案目录数据库发展迅速，机读文件目录和专题目录成为档案目录数据库的主要内容。

档案信息化快速发展的重要特征是档案网站建设，在信息化整体战略推动下，档案部分配备的信息化设备越来越多，档案信息化建设的相关法规也得到了进一步的完善，高校档案管理从此也正式进入了信息化阶段。

（三）系统发展阶段（21 世纪初至现在）

进入21世纪后，信息网络技术广泛应用，国家档案局开始正式部署并全力推进全国档案信息化工作。加强档案信息化建设成为“十五”期间档案事业的基本目标之一，在《全国档案事业发展“十五”计划》的工作任务中，第五条专门列举了档案信息化建设的五项内容。

2002年11月，国家档案局进一步发布了我国档案工作迄今为止唯一的一个专项规划《全国档案信息化建设实施纲要》（以下简称《纲要》）（档发〔2002〕8号）。《纲要》对“十五”期间档案信息化建设的指导思想国标任务做了专门部署，具体明确了档案信息化建设的基本内涵和建设要求，对全国档案信息化建设产生了积极重大的影响，成为我国档案信息化过程中里程碑式的文件。

2008年9月1日《高等学校档案管理办法》（教育部令第27号）（以下简称《办法》）施行，国家教育委员会1989年10月10日发布的《普通高等学校档案管理办法》（国家教育委员会令第6号）同时废止。《办法》中的第五条明确了高校档案工作由高等学校校长领导，将档案工作纳入学校整体发展规划，促进档案信息化建设与学校其他工作同步发展；在第三章的档案管理中，新增加了对仪器设备类档案的管理规定。仪器设备类：主要包括各种国产和国外引进的精密、贵重、稀缺仪器设备（价值在10万元以上）的全套随机技术文件以及在接收、使用、维修和改进工作中产生的文件材料。

2014年5月4日，中共中央办公厅、国务院办公厅印发了《关于加强和改进新形势下档案工作的意见》，并发出通知，要求各地区各部门结合实际认真贯彻执行。文件中的第13条指出要加快推进传统载体档案数字化。要把数字档案馆（室）建设列入信息化建设整体规划，从人力、财力、物力上统筹安排，切实推进档案存储数字化和利用网络化。各档案馆（室）要大力开展传统载体档案数字化工作，及时以数字化档案代替原件提供利用，对已实现数字化的档案原件妥善保管，一般不再提供利用。采取措施严防数字化过程中信息丢失、外泄和秘密泄露，对涉密档案进行数字化要严格遵守保密规定。

四、设备管理信息化建设的研究现状

（一）国外的研究现状

关于设备管理的文献研究，美国于20世纪50年代提出了生产维修思想（Productive Maintenance），简称PM。生产维修体制由事后维修（Breakdown Maintenance）、预防维修（Preventive Maintenance），改善维修（Corrective Maintenance）、维修预防（Maintenance Productive）四部分组成。20世纪70年代以后，英国人丹尼斯。巴克斯提出设备综合工程学，该理论追求设备全生命周期，主张从技术、管理和经济三个角度进行设备综合管理。1970年，日本提出全员参与的设备管理模式（Total Productive Maintenance， TPM）。TPM的特点就是三全管理：全效率、全系统、全员参加。到了20世纪90年代，日本的TPM管理理念被世界所接受，世界各国开始逐步效仿、推行TPM管理理念。F Gu，B Ma（2017）研究了大数据技术在设备管理中的运用，提出了利用数据库对比、分析，是完善设备管理的有效手段。

关于设备管理信息化的文献研究，20世纪90年代，美国Gartner Group咨询公司开发了企业资产管理系统（Enterprise Asset Management， EAM）。该系统主要包括：资产管理、工单管理、库存管理、采购管理等模块，通过对整改设备管理流程的信息共享，为管理决策的制定提供有价值的数据参考。Nutdanai（2017）研究了医院的医疗设备管理，开发了医疗设备管理Web应用程序，提高了医院的设备管理效率。

（二）国内的研究现状

关于设备管理的文献研究，是一个持续优化的过程。徐滨士2002年提出“设备维修是设备管理的关键”。李乃文、曹志娟（2010年）基于全员生产维修的设备管理指标体系研究，提出设备管理4个一级指标、1个核心指标，提倡利用指标控制设备管理的理论。郝俊斌（2008年）提出了设备全生命周期管理各个环节的要点，提出了设备使用管理是设备全生命管理过程中的重要环节，正确地使用和维护设备可使设备保持良好的状态。罗云、张俊迈、金家善等（2003年）通过分析设备寿命周期的费用、产生背景等，提出了应用LCC技术，推动我国设备寿命周期费用技术研究与应用的建议。赵艳萍（2002年）提出了规范化设备综合管理模式，把设备管理的研究对象和目标扩展为生产系统的全生命周期。刘华、游园（2011年）阐述了TPM管理在江南机器集团的应用及取得的成果。张志峰（2013年）建立了一套信息采集、管理、集成的模型，设计了软件功能结构，为其他企业推行TPM管理模式提供了模板。

关于设备管理信息化的文献研究，刘德峰（2009年）通过研究设备管理信息化在中国的发展，阐述了EAM系统的管理价值和投资收益，指导中国企业有效的开展EAM管理。蓝文谨（2011年）通过对中国设备信息化系统发展的研究，提出第三代系统（CMMS）和第四代系统（EAM）并存的发展现状，并提出以第四代产品为未来发展方向的观点。彭柳（2017年）提出，档案信息化建设在档案事业发展中扮演着越来越重要的角色。企业的设备档案应借助信息化的手段逐步向视频、图像等多方面发展，更好地为使用者服务。

综上所述，国内外专家学者大多从设备管理的理论来论述，但结合具体的设备管理实际和信息化现状的研究很少。本研究以设备全生命周期为理论，结合高校设备档案管理的现状，对设备档案管理的信息化展开研究。

五、高校设备的档案信息化建设调研现状

（一）调研设计包括：调研目的、调研对象和调查方法

1. 调研目的

随着社会信息技术的发展，信息化水平成为高校档案管理现代化程度的重要度量指标，档案管理信息化不仅可以提高档案工作人员的工作效率，提升高校综合管理的水平，更能促进档案信息资源的开发与利用，满足师生及社会各界的档案需求，充分发挥档案信息价值。目前，我国高等学校基本都已实施了档案管理信息化建设，但由于档案信息化管理基础设施薄弱、档案信息资源建设滞后等问题，大多数高校并未取得令人满意的成果。尤其是高校设备档案的信息化管理，不仅针对随机文件材料以及设备开箱、调试验收、使用记录、安装调试记录、培训、检修、故障事故记录等文件材料的信息管理，而且还有设备的盘亏或者报废材料，高校设备档案信息化水平还有待提高。因此，为完善高校设备档案管理信息化建设，推动整个高校档案事业的发展，针对本次研究，首先展开了问卷调查。调查目的是以高校档案信息化相关理论为基础，通过问卷调查徐州的

部分高校，获悉徐州高校设备档案管理信息化建设的实际情况以及目前存在的主要问题，为提升徐州乃至其他地区高校设备的档案管理信息化建设水平和高校整体现代化管理水平提出针对性的完善措施。

2. 调研对象

本研究调研对象的总体为徐州市部分高等学校。

3. 调查方法

综合多方因素，本研究采取了问卷调查和实地访谈的调查方法，具体实施过程根据学校的不同而有所变动。

（1）问卷调查法。采用该方法就是向徐州市高校的档案管理人员发放纸质问卷或问卷星。具体来说，在进行问卷调查的过程中，为了保证数据的真实性，能通过纸质版调查的，尽量当面发放、当场填写，确保问卷结果的真实性；对于个别不能当面发放的，采用问卷星形式进行。

（2）实地访谈法。出于对高校和被采访人员的尊重，本人对徐州市部分高校进行了实地调查，即当面与该校档案管理人员进行了详细沟通，由于实地访谈有情感交流，从而易于取得被调查者的信任，故获取了有关该校档案管理信息化建设的全面数据资料，提高了调查结果的准确性。

（二）问卷设计和数据搜集

1. 问卷设计

在整理和归纳国内外设备档案管理信息化相关研究的基础上，本研究设计了适用于徐州市高校实际情况的调查问卷。本问卷从设计到完成经历了三个阶段：一是设计阶段。在阅读大量文献的基础上，通过借鉴学者们对同一变量的度量，依据多年工作经验，初步设计了徐州市高校设备档案管理信息化调查问卷。二是修改阶段。在初步设计完问卷之后，参照了高校相关设备档案管理人员的相关意见，找出调查问卷中语义不明、结构不合理和文献不恰当的问题，并根据他们的建议进行修改和完善。三是完成阶段。对问卷修改之后，将问卷的所有内容进行核查，确定最终形式的问卷。本调查问卷的内容主要包括以下五个方面：贵校对设备档案管理信息化的重视程度、贵校设备档案信息管理的制度和模式、贵校档案信息资源利用、贵校设备档案软硬件设施和贵校档案人员结构，每个方面都有对应的问题。

2. 信息收集

本研究调查时间为2020年10月10日至2020年12月20日，向徐州市部分高校共计发放了100份问卷，并通过实地访谈，获得了10所高校设备档案管理信息化建设的相关数据资料。

六、新时代高校设备档案管理信息化的现状分析

（一）徐州幼儿师范高等专科学校近年来设备使用情况统计

近几年来，徐州幼儿师范高等专科学校购置仪器设备的种类、数量和档次都有提高。以该校2012—2022年仪器设备购置情况为例，仪器设备在数量和金额上呈逐年上升的趋势（见图1）。截至2020年12月31日，该校教

学仪器设备总价约4636万元，与2012年相比，设备价值增长了34倍。

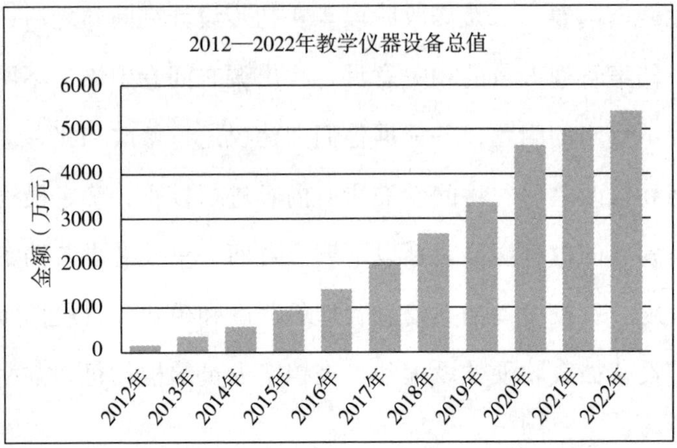

图1　2012—2022年徐州幼儿师范高等专科学校仪器设备按金额存量分布图

仪器设备的快速增长必然带来设备档案资料的同步增长，这对设备档案管理提出了更高的要求，尤其体现在设备档案的收集与利用方面。然而，从目前高校档案管理工作的整体情况来看，设备档案管理工作的地位和作用被忽视，当前高校设备档案的管理中还存在着不少问题。

（二）设备管理信息化建设的现状分析

笔者针对徐州地区部分高等院校仪器设备档案管理的现状进行调研，调查对象是高校设备档案管理者和使用者，共计120名。通过“问卷星”共计发放问卷120份，收回有效问卷120份，问卷有效率100%。笔者从设备档案管理制度、设备档案管理资源利用、软硬件设施配备、设备档案人员结构和设备档案信息化重视程度5个方面对高校设备档案管理现状进行了分析（见下表1）。

表1　徐州地区部分高等院校仪器设备档案管理现状调查结果

评价	非常好	好	一般	差	不知道
管理制度	0%	0%	65.3%	28.4%	6.3%
资源利用	0%	9.8%	42.5%	37.7%	10.0%
设施配备	0%	8.5%	61.2%	22.6%	7.7%
人员结构	0%	0%	35.0%	22.7%	42.3%
信息化重视程度	0%	0%	10.0%	65.0%	25.0%

通过问卷调查发现，大部分员工认为设备档案管理机制存在问题，持该意见的占比65.3%，有28.4%的员工认为设备档案管理制度分工不清，职责不明确，应重新修订相关制度。这从一定程度上反映出徐州部分高校的设备档案管理工作中，对仪器设备文件的管理没有明确的要求，缺乏规范设备档案管理制度体系，档案部门的职责不清晰，使得设备档案管理工作没有制度可以遵循。

对于设备档案管理资源共享和利用方面，调查结果显示，9.8%的员工表示赞同；42.5%的员工认为效果一般；37.7%的员工表示设备档案资源利用率较低。目前，徐州地区部分高校虽为仪器设备归纳整理了相应档案，但利用率却不高，使用效率低，没有形成“专管专用，资源共享”的有效机制。

在问卷调查中，有8.5%的员工认为仪器设备配置合理，61.2%的员工认为在建设过程中有不按实际随意配置现象，22.6%的员工认为设备配置上存在盲目现象，与实际需求不符。所以，仪器设备在建设过程中一定要严格按照规定数量进行配置，应进行相应的规划和统筹，否则会出现设备闲置的现象，造成资源浪费。

再好的制度设计，最终都要落实到人员管理上。目前徐州地区部分高校从事设备档案管理工作的人员多由设备管理部门的人员兼职完成，并未配备专职设备档案管理人员。大约57.7%的人员没有经过专业、系统的培训，缺乏系统的档案管理理论，不能熟练地掌握业务，缺乏主动意识。

设备档案管理信息化建设是高校设备档案管理的重要手段，不仅可以极大地提高设备档案管理工作的效率，还可以为科学决策提供可靠依据。从调查的结果来看，目前有65.0%的员工对设备档案信息化程度不够重视，10.0%的员工认为信息化可有可无，效果一般。目前，许多高校尚未完成设备档案信息化建设工作，很多高校仍然沿用传统的设备档案管理模式，用纸质档案进行存储、检索，无法有效地进行设备信息的共享交流。在仪器设备档案管理工作中，计算机并没有得到充分的发挥与利用，仅仅是利用计算机进行电子目录的登记，输入报表和做简单的检索工作，并没有结合数字化校园开发出仪器设备档案管理信息系统。

七、高校设备档案管理数字化建设中存在的主要问题

（一）对设备档案信息化重视不够，档案管理人员的业务能力不强

学校对设备档案管理信息化的重视程度直接影响着档案信息化建设资金的投入、先进技术的引进、信息化设备的配置以及档案工作人员的积极性等，从而影响着高校设备档案信息化建设和管理水平的整体发展，尤

其是高校对设备信息化管理认知并不足。根据对徐州某些高校在设备档案管理信息化重视程度方面的调查，发现大部分高校领导都注重学校的教学水平和知名度等，将工作重心放在教学质量、科研成果、政绩等方面，而忽视了档案信息化建设，尤其是高校的设备档案管理。在与高校档案管理人员实地访谈过程中了解到，大部分高校领导都不够重视档案的信息化建设，不管是档案信息化建设的制度建设、系统设计和发展战略，还是队伍的配置和员工的培训，都存在较大的缺陷。并且学校领导没有完全意识到信息化对档案管理和学校发展的重要性，尽管已经开发和运用了档案管理系统软件，但并没有安排专人负责对档案管理系统软件的维护、升级和数据备份，即使建立了档案数据库，但其建设进度较大，大多没有按照计划如期进行。而对于高校档案管理人员来说，对档案管理的相关工作相对熟悉，虽然明白档案信息化对档案管理工作的重要性，认为档案进行信息化管理非常有必要，但由于学校领导不够重视，导致有些档案工作人员逐渐玩忽职守，对档案工作的积极性逐渐降低，认为档案只要不损坏、不丢失就行，而忽视了档案的最大价值之一就是被社会各方面利用，因此最终阻碍了高校档案信息化的发展。

从另一个方面来说，尽管很多高校都设立了档案管理部门，但是这些部门管理的档案一般都涉及全校所有类型的档案，没有对设备档案进行专门的归档整理，导致对于大型精密仪器设备的档案缺乏专职人员管理，而且很多大型仪器设备的档案没有专门的存放设施与存放地点，大大降低了设备档案管理的水平。

设备档案的日常管理通常由使用部门或职能部门担任，在这些人员中，大多不具备档案管理的专业知识，缺乏相关档案理论知识、管理技能、职业素养和整合能力，对档案信息资源全程管控性差且流动性大，造成档案归档不精细，工作交接不清晰，缺乏时效性、系统性和前瞻性。日常管理基本凭借长期工作经验的积累，缺乏档案管理的主动意识和长远意识，处于被动服务的状态。

（二）设备档案管理制度与模式不完善

2008年《高等学校档案管理办法》中明确规定了我国高等学校应建立明细的档案管理规章制度。对档案收集、统计、管理、编研和利用等管理过程制定相配套的规章制度，建立健全的考评制度，可以增强档案工作人员的责任意识，提高工作水平，更能使档案管理工作有章可循，促进档案管理工作规范化和标准化。通过对徐州某些高校的调查发现，各高校在制定档案保管和保密制度、档案利用制度、档案鉴定与销毁制度和文件归档制度等管理制度方面都已比较完善，但是通过与学校档案管理人员的深入交谈发现，有些制度还存在一些不足，比如说档案收集制度中没有明确说明档案收集的标准，容易影响档案信息的质量；档案归档制度中没有详细规定档案归档的时间、内容范围和内容质量等问题，导致归档的档案材料出现与要求不符等情况，降低了工作效率；档案保管和保密制度中没有详细规定档案信息外泄应受到的惩罚细则和清晰的惩罚对象，导致档案工作人员互相推卸责任；档案利用制度中也没有明确规定档案信息利用的权限、资料外借流程等，不仅影响了档案信息的利用范围，还因不明晰的外借流程干扰了档案管理工作的正常运行；此外，对于高校的电子设备的运用维护制度中没有明确规定计算机、数码相机、复印机和打印机及一些大型仪器设备的使用细则，滞后的管理理念与高校的快速发展不相适应。

随着信息时代的快速发展，我国多数高校的档案管理工作越来越依赖信息网络技术，但很多人仍然认为高校的档案管理工作没有技术含量，易于操作，是一个闲职；另外，学校对档案管理工作不重视，工作人员专业能力差，管理观念守旧，跟不上高校信息化建设的进程。目前仍然有许多学校在档案管理的过程中，采用纸质化管理方式，没有明确数字化管理档案的重要性，没有意识到数字化管理的巨大优势和重要意义，陈旧的管理理念无形中阻碍了高校档案管理数字化建设。

科学有效的管理制度是设备档案管理工作的基础和保障。部分高校虽然在档案的整体管理方面制定了相对完善的规章制度，但没有明确的设备档案管理制度，对于归档材料的内容和规范没有具体要求。日常管理中随着大型仪器设备的购置、建账、处置、报废等流程的开展，因缺乏完善的规章制度，导致工作职能不明晰，材料收集不及时，对活动中形成的各种文件材料及电子文档存放不规范，以至于在档案资源使用时造成查询困难，设备故障处理不及时，设备重复购置等问题。

（三）设备档案管理资源利用率不高

满足高校师生员工和社会外界对档案信息的利用需求是高校档案管理工作的根本目的，设备档案信息资源的利用程度不仅取决于社会对设备档案信息资源的需求程度，还取决于设备档案信息资源的检索方式和获取途径等，而由于设备档案信息资源需求程度不易改变，因此要想提高设备档案信息资源的利用程度，应改进档案存储模式和检索方式，提高设备档案信息保存的持久性和阅读的便捷性。通过对某高校的调查发现，部分高校仍采用文件整理—装袋—封条—存箱模式为主、辅以数字化模式的存储模式，或以传统手工方法为主、辅以计算机等电子设备的编研方式，缺少数字化的档案使得档案信息资源的获取仍沿用传统方式，而不能更多地通过网上浏览、电子传递等。在调研中发现，数据库检索利用率较低，严重阻碍了档案的利用程度。

设备档案管理信息化建设是高校设备档案管理的重要手段，可以极大地提高设备档案管理效率。但目前很多高校的设备档案管理并没有结合数字化校园开发出设备档案管理信息系统，仍采用传统的纸质档案、设备卡片等封闭式管理模式，使得设备信息无法及时交流共享。大型仪器设备种类多、分布广，这些设备在整个生命周期的各个环节产生了大量信息，但是由于设备档案信息化程度低制约了档案信息的共享和充分利用，造成“信息孤岛”严重，使得设备档案的资源利用率低、设备重复购置、档案信息无法实时跟踪管理，导致档案管理缺乏时效性和高效性。实现设备档案管理由经验管理向科学管理方向转变，大力开发信息资源，建立一个完整的管理系统，才能真正实现仪器设备档案的无纸化管理、资源共享管理，切实做到档案资源的高效、实用。

（四）设备档案管理软硬件设施资金投入不足，管理滞后

档案信息化就是通过电子手段将档案转化为数字信息档案，并以计算机网络管理方式管理、利用档案的过程，档案的信息化建设离不开软硬件设备和技术系统等的支持，没有档案基础设备，就不能高效地开展档案的业务工作。传统档案管理过程是通过纯手工方法收集、统计、鉴定、利用档案资料，而将档案信息化之后，档案变成电子文件，数据资料一次录入多次利用，实现档案管理的自动化和网络化。通过对高校的调查发现，高校在信息化硬件设备方面数量不足，尽管计算机数量与档案馆工作人员数量能够满足一比一匹配，但服务器、扫描仪、打印机、复印机和存储设备等分别仅有1—2台，路由器、数码相机、交换机、防磁声像柜及其他数字化设备寥寥无几，甚至部分高校档案管理仍然以手工操作为主，在硬件配

置方面没有配备摄影、摄像器材，许多重要图片无法保存，未能实现电子档案与纸质档案两套管理模式同步运行。现代化管理手段欠缺，增加了检索的难度，导致档案利用率低，达不到高校档案数字化建设要求，也没有引进先进的档案管理系统，严重阻碍了档案管理工作的开展。

在软件设计方面，调查结果显示高校都使用了OA办公系统收发文件并建立了档案网站，但在与高校档案工作人员的访谈过程中了解到，高校档案馆还未使用较为专业的档案信息化管理软件系统，没有建立档案数据库，也没有开发安全管理和操作系统、应用软件和数据库管理系统，软件设备较为缺乏，制约了档案管理信息化建设的发展。

在制度管理方面，对档案管理制度的制定缺少科学性和可持续性，对制度建设缺少细化。缺乏统一的标准指导建设，安全性存在隐患。目前，我国档案数字化信息资源建设缺乏统一的标准和规范，不少高校也有类似的规范，如：《文书类电子档案著录与数据格式规范》《纸质档案数字化管理与技术规范》《声像类电子文件归档管理规范》等来指导高校档案数字化建设的发展，目前国家并没有详细的工作标准出台，导致数字化建设进程缓慢。

档案数字化信息资源建设工作是将纸质信息转化为电子信息，而电子信息相对纸质信息便于转移，但数字档案在带来巨大便利的同时，也面临系统瘫痪、信息泄露或丢失等诸多安全威胁，特别是面对数字化信息资源，在认识方面大多数人相对比较迷茫，缺乏足够的安全知识技术层面的支撑。

1. 数字档案管理对软硬件、操作系统或管理系统的过度依赖，容易在传输后发生改变，出现数字档案信息无法识别，影响数字档案的真实性、权威性。

2. 数字档案依靠计算机设备和网络技术进行保存和利用，若网络各层级的安全防护措施不当，计算机易受到病毒或黑客攻击，造成信息泄露。

3. 涉密数据的管理，存储和使用，必须通过相应的涉密网络及管理系统。任何一个单位和部门保存的档案中总有部分文件是涉密的，对于涉密文件的数字化，我们必须遵守国家涉密电子文件的管理要求。机密级及以下文件虽可以数字化，但必须严格执行国家保密管理规定，绝密文件一般不要数字化。

（五）设备档案管理人员的结构不合理，缺少专业化管理人员

档案工作人员是高校档案管理信息化建设的核心要素，没有合理的人员结构，档案信息化就不能得到持续性发展。档案信息化建设，要求档案工作人员不仅仅是复合型的优秀人才，更需要的是优秀的档案管理专业人才、管理人才和技术人才，实施档案信息化，不仅要在数量上满足人员结构需求，还要在质量上满足人员结构需求。只有合理结构的人才队伍，才能实施和发展档案管理信息化。根据问卷调查数据，发现某高校档案管理人员的结构存在一些问题：员工人数较少、年龄构成不合理和专业能力不够等。在员工数量方面，由于现在高校逐年扩招，档案种类繁多，即使实施了档案信息化建设，然而由于传统档案管理方式仍占主导地位，导致员工每天的任务烦琐，工作量较大，而较少的员工数量导致工作压力变大，工作积极性降低。在年龄构成方面，根据调查结果发现，高校档案管理工作人员多是刚毕业的大学生（研究生）和工作年龄较大的45岁以上的中年人，刚毕业生的大学生（研究生）工作经验不足，仅有创新思维而缺乏实践能力，而45岁以上的中年人工作年限长，思想观念守旧，缺少工作热情，接受难度较大的新鲜事物能力较低，对新型的档案管理信息化工作

显得有点力不从心，因此愿意继续采用传统的档案管理方式，他们的这些守旧的思绪、传统的工作方式和工作态度又会影响到年轻人群，阻碍档案管理信息化建设。在专业能力方面，调查结果显示，很多高校的档案工作者所学专业与档案管理专业的相关性较小，缺乏档案管理专业知识和现代化信息科学技术知识，工作能力较低，高校档案管理人员大多数为兼职人员，临时改行搞档案工作，未经过系统专业的培训。档案管理人员缺乏专业知识和专业技能，在收集、整理、鉴定、归档、保存等方面不够规范、准确，严重影响了档案的管理质量，不利于档案的检索利用。在档案管理信息化建设过程中常常会感到力不从心，从而导致新方式、新技术难以在档案管理中使用。

有些档案管理人员缺乏爱岗敬业的精神，不愿做深入细致的收集整理工作，导致档案长期积压，杂乱无章，造成大量原始资料散佚、断档，没有系统性和连续性，发挥不了应有的服务功能。但随着校园网络数字化的深入，高校档案数字化建设对档案管理人员提出了更高的要求，不仅要求掌握一些网络技术，也要懂得日常维护及安全防护。由于人才的缺乏导致对数字化技术掌握能力受限，在具体开展档案数字化建设的过程中，大多是走一步算一步，缺乏一个清晰的工作思路，很难高质量地搞好档案数字化建设。目前，很多高校的档案管理人员难以适应当今高速发展的大数据时代，因此培养一批专业化、高素质、复合型的档案管理人员势在必行。

（六）高校档案管理资源有限

首先，高校档案管理资源只源于高校。高校档案管理资源的内容和形式源于高校各种管理工作的活动内容和形式，具有局限性。高校档案管理资源的内容只体现高校各学院和行政部门的管理活动，以及师生的工作学习活动，对高校以外的档案管理资源几乎不涉及，档案管理工作能够发挥的作用也受档案管理资源内容的影响，对高校档案管理利用服务的需求集中于高校内，难以发挥其服务社会的作用。

其次，高校设备档案主管部门参差不齐，资源分散，有些高校是档案馆或综合档案室，对设备档案的管理进行监督和指导，或直接对设备档案进行管理。有些高校的仪器设备主要管理部门，一般是高校设备处或科技处，负责收集从仪器设备申报采购、验收到运行等过程中产生的一手资料，有些高校是资产管理处管理，在仪器设备入账为学校固定资产前，督促相关人员对设备的相关文件进行收集并归档。有些高校是设备使用部门管理，在仪器设备验收完毕并交付使用部门后，各种随机文件由使用部门专职人员进行收集保管。设备档案管理的主管部门存在差异，对档案收集的主次理解也有一定偏差，对设备档案的完整性与及时性都有相对的制约性。

最后，各类别档案管理资源分布不均。高校档案门类齐全，但是各类档案管理资源的分布极为不均，管理资源多为数量巨大的党群、行政类档案，其中宏观的、综合性的政策方针类档案管理资源较多，具体的、典型的、微观的内容较少，高校管理活动计划、总结类档案资源多，处理具体事务的档案资源少，高校设备的档案资源较少。

（七）高校档案工作考核评价机制有待进一步完善

对高校来说，很多高校领导把档案管理工作作为一个边缘的工作岗位，不重视档案工作，兼职档案人员不学习也不熟悉档案业务，档案收集、整理、归档意识不强；个别单位为了使用方便，一些重要的资料长期存放在单位办公室，不整理也没有意识到，这些资料是学校宝贵的资源，一旦遗失或者损毁对学校造成的损失巨大；有的单位兼职档案人员变动频繁，虽然归档了，也是不齐全、不完整；有的档案管理信息化程度不高，影响档案的进一步开发利用；奖惩制度执行不到位，工作人员的积极性和责任心也不强。由于缺乏有效的激励机制，档案工作制度形同虚设，奖励制度没有吸引力，惩罚制度亦无威慑力。

八、高校档案管理工作问题产生的原因

（一）传统思想观念的束缚

从以往的工作经验中可以了解到，高校档案管理工作的性质要求档案工作者细致耐心，甘于寂寞，档案管理工作的成效也多不被大家关注，高校领导、教职工、学生甚至档案工作者对档案管理工作都缺乏足够的了解和认识，档案管理意识不强。

相对于高校的教育教学、科学研究工作而言，档案管理工作的重要性被忽视，有些高校认为档案管理工作是一项常规性的，基础性的工作，档案管理工作的职能就是收集档案，保管档案，很少意识到档案的价值是一直存在的，不关注档案管理工作是否有创新，档案管理工作人员更没有大局意识和能力去进行档案管理工作的革新。高校档案的管理工作缺乏宏观规划、指导、管理和控制的能为，本位主义的泛滥使得档案管理工作缺乏全局观念，缺少与其他管理部门的合作，无法做到资源的共享、共建，高校整体网络化建设缺少档案管理工作的参与和合作，造成档案资源的流失，尤其是高校设备档案的管理，缺少信息化管理很容易造成资源流失或

浪费。高校档案管理部门自身的发展也带有很强的依赖性，缺少主动性，对外部环境反应迟钝，缺乏信息流通。

落后的档案管理工作方式和方法也使高校认为档案管理工作内容简单，高校档案管理工作的地位在高校中处于边缘化。鉴于高校档案管理工作的特点，高校档案资源的积累速度缓慢以及利用滞后，造成档案管理工作的效率低下。高校档案管理工作靠归档、查询、利用等，传统思想观念下的档案工作者有着一种看好门、守好摊的心态，认为把应该保存的档案收入馆藏，把应该利用的档案提供出去，保证档案不丢失、不损坏就万事大吉。再有，高校档案管理工作岗位编制也因过度压缩，造成工作人员不足，个别档案工作者不能正确认识和评价自己所从事的工作，无法进行工作改进和创新，甚至想尽办法调离档案管理工作岗位。重藏轻用的传统观念严重制约着高校档案管理工作的开展，制约着高校档案发挥应有的社会效益与经济效益。

高校档案管理工作的自我封闭制约了自我发展，缺乏全局意识。坚信一切靠自己，万事不求人，自给自足，实现发展目标。高校档案管理工作的传统工作方式中，缺乏规划和管理，各自为政，盲目追求大而全。

另外，高校本身的管理活动比较固定，决定了高校档案内容的利用者比较集中，主要是学校的师生和已毕业的社会公民，对某类档案的利用需求较固定。多年来的利用经验让高校档案管理工作偏于注重这些档案的归档、利用，加之缺少创新档案管理范围，高校档案的管理工作一直原地踏步、缺乏全局性。

（二）资源投入不足

高校档案的管理工作从最初的文件资料整理到归档、鉴定、保管、开发、利用等一系列的管理活动，都对档案管理工作人员的结构提出了较高的要求，而现阶段大部分高校档案管理工作的人员配置还达不到要求。知识经济时代对档案工作者的素质提出了较高的要求，需要具备档案专业知识，现代科学技术专业知识和管理技术专业知识的复合型人才，然而多数高校的人员配备不尽如人意。在高校行政管理人员编制紧缩的情况下，高校档案管理岗位往往成为第一个被削减的，造成人员数量紧缺。很多高校的档案馆被当作是高校的养老单位、关系单位、跳板单位，导致人员结构也不合理。在职的档案工作者缺乏再学习的主动性和积极性，以至于人员的综合素质低。由于这些因素的影响，使得高校的档案管理工作向高层次发展缺乏潜力，影响了高校档案管理工作的开展。

相对于高校教学和科研的设备、基础建设投入，对高校档案管理工作的投入较少。高校档案管理工作的设备和技术投入偏低，多数高校还停留在手工劳动的方式上，与信息技术时代的高新科技发展形成了很大的差距。很多高校档案馆（室）的库房面积和各项设施还达不到要求，对于现代化办公出现的新的档案媒介无法处理，如扫描仪、服务器等设备只有部分高校档案馆配备了。同时，一些高校为档案管理工作配备了现代化的设备，但是有些缺少配套的设施，导致设备购置回来形成摆设。档案管理工作的资金投入紧缩也严重制约了高校档案管理工作的现代化进程。

（三）档案服务职能的限制

1. 行政干扰

综观我国档案管理工作水平较高的高校，都将档案管理部门作为高校独立的二级管理机构。然而多数高校的档案管理部门不是相对独立的二级机构，在机构管理的体制、经费、人力的投入方面往往都受制于高校的行政意志。这些档案管理机构下设于高校行政管理部门之下，档案管理业务工作受到较强烈的干扰，开展工作也难以按照既定的业务工作流程完成，需要为拥有优先权的高校行政管理让路，此类高校的档案管理工作者都表示时刻感到自己的力量微薄，难以完成业务工作。

2. 档案利用权限限制

档案的利用受到档案密级和保管期限的限制，现有的档案鉴定工作无法做到及时对需要鉴定的档案进行评估、审核，从而无法根据实际情况进行档案的密级、保管期限变更，影响档案信息安全公开、开发和利用，更无法实现资源共享。虽然归档后的档案多数定义为开放档案，但是档案信息公开程度受限于档案形成部门，现有的体制下，档案形成者，即归档单位对其形成和移交的档案拥有优先使用权和监督权，有些归档部门还会向档案管理部门提出档案利用条件，如其他档案利用部门或个人必须在得到该部门批准，才可以利用其部门形成的档案。

3. 职能定位不准

高校档案服务工作多局限于等人来查，主要是因为高校档案管理工作对自我的职能定位不准确，缺乏全局意识，局限于对现有资源的服务。实际上档案管理工作职能不仅仅体现在提供利用服务，还应该包括档案的收集、开发等工作。归档是累积档案资源的一个方面，随着社会的发展，高校不断改变本身的各项职能活动，这些职能的变化和活动的变化含有很大的信息量，这就需要高校档案部门关注高校的整体发展和变化，高校档案管理工作缺少这种敏锐的嗅觉，只守在原有的规定和范围内工作，缺乏发展变化的眼光，无法分析高校职能活动变化对所形成文件价值的影响，不能及时调整归档范围，导致档案信息资源的流失，更谈不上扩大档案收集范围，拓宽档案信息来源的途径了。另外，多数高校档案开发利用工作落后，没有足够的可服务资源。

4. 宣传职能缺失

知识经济和信息化时代，人们对信息资源的需求量必然迅速增加，高校档案信息资源的利用服务理应被追捧，然而现实情况却是档案管理的利用工作仍停滞不前，原因就是高校的档案意识不强，档案开放利用的宣传不足。档案管理工作者一直以默默无闻自居，认为宣传跟自己搭不上边，这也是对档案管理工作职能的一种误解。高校档案部门缺少洞察市场需求的能力，盲目自闭，对自己工作的成绩和档案的价值宣传很少。档案管理工作者保留着传统的档案约等于保密的观念，很多档案利用者都认为档案很神秘，这些很大程度上限制了档案事业的发展。档案管理信息系统的访问权限受到校园局域网的限制，只能够发挥对高校范围内的档案服务作用，利用群体的范围小，难以扩大高校档案的宣传和利用范围。

（四）高校设备档案本身的局限性

高校设备档案本身就比较复杂，包含的内容比较多，既有静态资料，又有动态资料。静态资料包括购置前、购置中和购置后的全部文件材料，动态资料包括设备在运行过程中产生的一些材料，时间跨度较大，在这一过程中如果兼职档案员或仪器设备管理员变动，就更加无法保障资料的齐全。另一个原因是仪器设备长期被使用和开发，那些随机的资料利用频率比较高并且复印都比较难，兼职档案员特别是仪器设备管理员为了方便利用，完全没有归档的念头。

Unit Four

第四章 新时代高校设备档案管理策略

通过对徐州部分高校问卷调查和实地访谈，了解了当前徐州市部分高校设备档案管理信息化建设的现状，在通过对问卷调查和实地访谈结果进行整理和分析，发现了目前徐州部分高校设备档案管理信息化建设过程中存在的缺陷和不足，在第三章中阐述了高校档案的发展历程、存在的问题及原因。针对徐州市高校设备档案管理信息化建设过程中存在的主要问题，通过查阅大量文献，结合工作实际，提出了有针对性的政策和建议，以推动徐州市高校设备档案管理信息化建设和整个徐州市高校档案管理事业的发展。

一、加强宣传，提高重视

（一）加强宣传，增强高校师生员工档案管理信息化建设意识

信息技术的引进是高校档案管理信息化建设的技术基础，档案管理信

息化意识的树立是实现高校档案管理信息化建设的思想保障。在档案管理信息化建设的过程中，用信息化的管理技术代替传统的手工操作技术并不是一蹴而就的，而是需要一个较为长期的过程。在这一过程中需要引进先进的信息管理技术，同时需要高校师生及档案管理部门的相关工作人员，转变管理理念，树立正确的档案管理信息化建设的意识，以便更好地接受和适应先进的信息化管理技术，推进本校档案管理信息化建设的进程。而高校师生及其员工对档案管理信息化建设意识的树立在很大程度上取决于学校对档案管理的宣传。因此，学校应该增强对档案管理信息化建设的宣传力度，利用网站、培训等手段，将设备档案的建设要求和使用办法推广到全校师生层面，让专、兼职设备档案管理人员和各级领导对档案管理的重要性有清楚的了解。让全体师生意识到档案管理信息化建设对本校的教学和科研有着重要的帮助，提高全体师生对档案管理信息化建设重要性的认识。学校相关部门在进行宣传的过程中，应及时做到信息公开化，以得到广大师生的支持。

（二）提高学校领导重视，为档案管理信息化建设顺利开展提供保障

高校领导在档案管理信息化建设过程中起着重要的引导性作用，高校领导对档案管理信息化的重视程度，在很大程度上影响着档案管理信息化建设的进程。学校应该遵循集中领导和分层管理的原则，由一位校领导分管整个学校的资产工作，明确责任分工，落实岗位责任制，确定工作人员的业务范围。结合学校的实际情况以及设备档案工作的特点，建立管理机构，并明确机构的职责，各部门各司其职，相互支持、紧密配合，制定规范详细的制度措施，把工作落到实处。学校方面应该在平台建设、仓储

和人员培训等方面给予大力支持，为科学管理提供保障，保证设备档案管理工作能够良好运转，从而更好地服务于全校的教学、科研工作。在高校档案管理信息化建设的过程中，需要引进先进的技术和设备以及一定的专业化管理人才，这些大量的人力物力投入需要高校领导在政策上的支持和帮助。因此，提高高校领导对档案管理信息化建设的重视，能有效地保障档案管理信息化建设过程中所需的资源供给，有利于档案管理信息化建设的顺利开展。在档案管理信息化建设的过程中，应及时将档案管理信息化建设的进程上报学校领导，提高学校领导对档案管理信息化建设的重视程度，为其建设奠定了坚实的基础。

（三）制定合理的档案管理信息化建设计划，确保档案管理工作合理有序开展

档案管理信息化建设需要制定合理的工作计划，既能满足周期性的信息更新，也能满足临时性的信息增加。只有制定合理的档案管理信息化建设计划，才能使该工作提上学校日常工作的议程，让学校领导和广大师生对档案管理信息化工作有个整体性的了解和认识，同时也为档案管理信息化建设工作提供了依据和指导。

（四）重视建立设备档案网络，实现设备档案信息资源的共享

随着高等教育的发展，学校采购、使用的设备数量也在迅速地增加。一直以来所延续使用的纸质档案检索管理方式已无法适应现代电子信息化管理的需要，随着计算机和网络技术的普及，高校设备档案管理的方式、方法也应该与时俱进。要以学校的校园网络为媒介，结合学校的实际管理模式和运行条件，开发或购买适用于网络环境的设备管理系统，从而建立

属于自己学校的设备档案管理信息网络。为仪器和设备创建电子文件，将设备的申报、采购、验收、储存、分配和处置的整个过程，整体纳入档案信息系统中，统一进行电子管理，并建立所有设备的生产制造商、产品型号、设备规格、单品价格、配件情况等原始信息数据库。管理人员可以根据自身工作的情况及不同需要，通过互联网及时、方便、快捷地进行设备文件的输入、查询、修改和统计工作。学校设备档案的信息资源可以在网上进行共享，从而使设备的采购、建设更好地为学校的教学和科研服务。

二、明确高校档案管理工作的指导思想和原则

人类社会的发展是不断变革、不断进步的，故步自封带来的只有落后。高校档案的管理工作在知识经济高速发展和信息技术飞速更新的今天应该时刻准备迎接机遇和挑战，解放思想，更新观念，促进高校档案管理工作不断提升。

（一）树立档案管理工作的发展理念

高校档案管理工作近几年的改革卓有成效，但是我们也不能忽视其存在的诸多问题，改变现状以求得长远的发展，管理思想的进步和观念的更新是先导因素，与时俱进的发展理念是为高校档案管理工作注入活力的重要保障。

1. 正确认识高校档案管理工作在高校发展和教育事业中的地位

高校档案管理工作对高校教育科研档案、资料的开发利用，是实现

知识技术传播和应用的过程。显然，知识传播是高校档案管理工作所致力和研究的课题，是档案管理工作为“两个文明建设”服务的重要体现。知识经济社会出现的知识经济理论由三大要素构成：知识创新、知识传播和知识应用。档案管理工作的过程，如收集、鉴定、整理、开发、利用等，实际上就是知识的传播和应用，关键是如何让它在这个环节上发挥应有的作用。就如同一项知识创新成果，开始的时候由科学家、工程师、设计师发明或者设计，这些成果是一种知识，这些成果归档成为档案以后，还可以另外一种形式被开发、传播、利用，即通过档案的开发利用在社会上广泛传播，变成现实的生产力。另外，创新成果的一系列过程和内容被档案保存下来，这些累积的知识财富亦可为后人的知识创新提供档案依据和参考。可见档案管理工作既可传播知识，又可促进知识创新，使知识发挥其独有的作用，从而推动知识经济的发展。高校档案管理工作正是高校教育科研成果传播的重要途径之一，高校是高科技文化知识汇集地，高校档案管理工作在知识经济的市场中有着自身的优势，因此，知识经济时代的发展离不开档案管理工作，高校发展和教育事业的发展乃至社会发展都离不开高校档案管理工作，并有着举足轻重的地位，对高校和社会发展有着重要作用。认识到这一点，是知识经济时代高校和高校档案管理工作者转变思想的首要任务。

2. 树立与时俱进的档案管理工作发展理念

信息技术高速发展的时代，人们对于信息的需求量增加，这是档案管理工作发展的机遇，高校档案工作要抓住机遇，改变传统管理模式下安于现状、故步自封的思想观念，撇掉计划经济时代的等、靠、要的思想观念束缚，树立与时俱进的档案管理工作发展理念，用发展的眼光探求高校档案管理工作的开展优势，发挥高校档案管理工作的潜在作用，拓宽视野，开放思路，不等不靠，提高高校档案管理工作的水平。

（二）明确高校档案管理工作的原则

高校档案管理工作的优化与创新是顺应时代发展的需要，要抓住高等教育发展与社会发展给高校档案管理工作带来的契机，迎接新时代知识与技术的挑战。社会的每次变革都有革新的目标，高校档案管理工作的革新目标是适应时代的需要，适应高等教育的需要，发挥高校档案管理工作应有的作用，寻求高校档案管理工作生存和发展的途径。要实现这些目标，应该先明确高校档案管理工作优化的原则。

1. 实用性

实现高校档案管理工作的价值，发挥应有的作用，是档案管理工作的实质，档案资源的合理开发和利用是档案管理工作的目的，优化档案管理工作要遵循实用的原则，档案管理工作需要落到实处。要求高校档案管理工作能够进一步丰富档案管理资源，多角度的挖掘潜在信息资源，并开发现有档案资源的潜在价值，加工促利用，加工助利用，为高校的教育教学、科研建设、党政管理等活动给广大的师生提供全方位的服务。

2. 时效性

档案管理工作要注重时效性，高校档案管理工作的时效性不是一般意义上的获得第一手资料，或者最快速的获得信息，现代生活的节奏越来越快，快速的反应速度是档案工作必须具备的。另外对于历史久远的档案资源同样有信息价值，对馆藏久远的档案进行开发，信息资源的挖掘汇总是另外一种时效性的体现。高校发展日新月异，各高校在不同的发展阶段有不同的历程和业绩，但是高校各个方面工作中总有规律可循，对历史资源的开发就是将档案资源利用起来，实现其应有的价值。因此，高校档案管理工作一定要注重时效性，一方面敏锐洞悉可以获得的一切信息资源，另一方面必须抢时间，将因历史和技术原因隐藏在档案库房中的信息快速提取出来。只有做到这样才能根据不同部门或服务对象对信息的需求，提供含金量高、应用性强的档案信息，提供优质的档案利用服务。

3. 服务性

高校的档案管理工作是为高校的各项管理活动服务的，充分发挥档案的社会效益和经济效益，要将自己定位为服务工作，而非管理工作。档案具有凭证和情报价值，为人们的某些活动所需要，但是档案的价值是潜在的，只有通过档案管理工作将档案作为服务产品提供给利用者的时候才能够获得。档案服务管理可以是直接提供档案查阅，也可以是提供档案汇总信息等，这些服务形式都是档案利用者所需要的。为了档案服务工作更上一个层次，不能停留在直接的档案利用服务，还要在利用之前的环节做好工作，如档案管理资源的收集、开发、统计、编研等。

三、完善档案信息资源管理制度

（一）完善档案保管和保密制度，防止档案信息恶意泄露

档案是个人信息及集体信息的重要载体，在传统手工档案管理阶段，由于网络信息化程度不高，档案信息的传播速度较慢，传播路径较为单

一，因此档案信息相对较为安全。而在档案管理信息化建设的过程中，随着网络技术、信息技术的采用，档案信息都要经过网络整理和传播，在这一过程中，如果对档案信息的保管和保密制度不够规范，很容易造成信息的泄露，对个人和学校造成重大损失，由此也会引起学校师生对档案管理信息化建设的抵触情绪。因此，完善档案保管和保密制度，既能确保个人和学校信息的安全，也能促进档案管理信息化建设的进程。

（二）完善档案利用制度，最大程度地发挥档案资源的利用价值

档案管理信息化建设的目的就是为了使档案资源的利用价值最大化，为个人、学校、社会更好地提供信息服务。在实现档案管理信息化的过程中，档案信息的泄露成为新的问题，这严重影响了档案资源的利用。因此，在档案管理信息化建设的过程中，应不断完善档案利用制度，既能确保档案利用的便利性，最大程度地发挥档案资源的利用价值，也能确保档案信息的保密性。同时，档案资料能很好地利用对档案管理信息化建设也具有重要的推动作用。

（三）完善档案归档制度，确保实现“双轨归档”

在档案管理信息化建设的过程中，网络信息技术的广泛应用，使得电子档案更为便捷、简单、准确和灵活。传统的纸质档案的归档标准和管理不能适应电子档案的归档和管理，这就需要建立和完善档案归档制度和标准，既能很好地满足电子档案归档，实现信息的及时补充和更新，又能满足纸质档案的归档，确保纸质档案信息的准确录入。因此，在建设档案管理信息化的过程中，要完善档案归档制度，确保实现纸质档案和电子档案

都能很好地实现归档。

四、推进数字档案馆藏，提高档案资源利用率

（一）改变档案编研工作方式，提高档案信息编辑的工作效率

在计算机网络技术广泛运用的今天，使得信息搜集整理的速度大大提高，同时信息资源的准确性也较手工搜集整理时期有了较大提高。针对当前部分高校设备档案编研工作仍以手工为主、辅以计算机等电子设备的工作方式的现状，应积极推进计算机等电子设备在档案编研工作中的运用，提高工作效率和准确性。档案前期的编研工作是档案管理系统形成和档案资源提取利用的前提，档案编研的有效性和准确性直接影响着档案的管理和利用效率。因此，档案管理信息化建设的第一步就是要实现档案编研工作的计算机化，做好文件归档前的前端控制工作，做到分类归档、分类保存，确保归档文件的完整性、准确性。

（二）转变档案存储模式，推进档案馆藏数字化进程

档案管理信息化就是要将档案的管理形式由实体文档保管转变为数字化信息管理。这就表明文档管理储存形式决定了档案管理类型。档案管理信息化建设的重要内容是要将档案的储存形式由以文件整理—装袋—封条—存箱模式为主转变为以数字化模式为主，将文本形式的信息、图像用相关的设备进行数字化的转化，以数据库的形式储存下来，便于后期的检索和利用。针对深圳高校以文件整理—装袋—封条—存箱模式为主的档案

资源储存模式的现状，为了加快其档案管理信息化建设的进程，必须提高信息化设备的使用率，实现档案存储方式向数字化模式的转变，推进档案馆藏数字化的进程。

（三）完善数据库检索方式，提高检索效率和档案信息利用效率

档案数据库的建立和科学合理的数据库检索方式决定了档案资源的利用效率。目前深圳高校手工检索仍占较大比重，习惯了手工检索的档案管理工作人员在很大程度上是年纪较大、学历较低的人群，他们在一定程度上对数据库检索存在抵触情绪，这大大阻碍了档案管理信息化的进程。因此，在进行档案管理信息化建设的过程中要推进档案数据库建设，加快数据库检索的使用。与此同时，在推进数据库检索的过程中，要完善数据库检索方式。目前目录检索占总数据库检索的绝大多数，全文建设占比相对很低，为了实现信息获取的便捷性和准确性，高校应完善目录检索的同时加快全文检索的建设，实现目录和全文检索的全数据库档案覆盖。

五、重视基础设施建设，加大对其的投入及管理

（一）加大资金投入，加强相关软硬件设施的建设

档案管理信息化的基础是相关硬件和标准化管理软件建设，这是实现教学档案信息化管理的前提。在档案管理信息化建设的前期，购买相关硬件和标准化管理软件的费用是一笔巨大的投入，而在正式投入使用过程中软硬件的维护和管理以及相关人员的投入也是一笔不小的开支，这就需要

学校高度重视档案管理信息化建设，从人力、财力等方面给予最大程度的支持。尤其现在某些高校档案管理信息化建设正处于建设初期，距离先进的信息化管理还有较大的差距，现有的软件不能很好地实现档案信息的管理，需要购入先进的标准化管理软件，这需要学校的资金支持，同时引进专业的信息化人才也需要花费资金。从徐州地区的调查研究看，徐州某些高校的档案管理信息化建设需要大量资金的投入，来加快建设步伐。

（二）加强相关软硬件设备的管理，提高利用率和安全性

相关软硬件设备在初次购买并安装后，还需要后续的维护和管理工作。高校应对管理人员进行相关知识的学习与培训，必要时需引进专业的档案信息化管理人才，加强对软硬件设备的运用与管理，及时发现问题并解决问题，减少识别故障问题发生的频率；同时及时采取安全防范技术，如防火墙、密钥技术等，提高信息系统的安全性；为了使软硬件管理得到更好的落实，学校应该制定和完善相关的软硬件管理制度，明确相关的工作内容和工作责任，确保该项工作得到重视和落实。

六、构建科学的高校档案管理工作体系

（一）优化档案管理工作机制

1. 领导责任机制

高校管理层领导对档案管理工作的重视和档案意识的加强，是搞好高

校档案管理工作的重要保证。无论是档案管理工作开展的制度保障、经费投入，还是改善档案管理工作的环境，都需要领导的重视和支持，因此科学的高校档案管理工作体系需建立领导责任机制，建立以校长或分管校领导为核心的高校档案管理工作领导小组或档案工作委员会，督促、检查和指导档案管理工作。有了高校管理层成员的档案工作领导小组可站在高校发展的全局高度，将档案工作纳入高校总体管理工作的规划中，落实《普通高等学校档案管理办法》的规定，逐步做到三纳入、四同步，即把档案管理工作纳入学校的计划和规划，纳入学校管理制度，纳入有关人员的职责范围，做到与布置、检查、总结和验收各项工作同步。

2. 竞争机制

有竞争才有发展，引入竞争机制是高校档案管理工作优化改革的有力推手，是提高高校档案管理工作水平的重要方法。

（1）竞争机制能够提高档案管理工作者的竞争意识，调动档案工作者的工作主动性和能动性，从而注重自我政治素养和业务能力水平的提高，工作竞争可以促进培养岗位专业人才，在档案管理工作中做出突出成绩，进一步促进档案管理部门水平的提高。

（2）开展档案管理工作者和高校各部门的档案管理工作评比，提高高校各部门和全体师生对档案管理工作重要性的认识，通过检查评比，可以在高校中形成强势的档案教育意识，对高校各管理部门及二级学院中的兼职档案管理工作的开展也有很好的促进作用。把档案管理工作列入岗位职责和工作考核内容，有利于推进各部门积极主动地配合高校档案管理工作，从而保证更真实、全面、系统的归档管理工作高效完成。

（3）引入竞争，责任到人的激励机制，使每个档案工作者都感到了压力，也更加有动力，从而更能立足本职岗位进行积极的研究探索，进行档案管理工作的优化创新，做高校的教学、科研工作的得力助手。与此同时，高校的档案管理部门更应该走出高校的庇护，积极投入社会信息服务的竞争中，在提供及时、准确、适用的，具有本馆特色的档案信息竞争中，求生存、求发展。

3. 评估机制

对高校档案管理工作的评估，不应该局限在传统的馆藏档案数量、提供利用的人次、档案管理系统和档案馆（室）的基础建设等这些指标，可以肯定的是这些指标在特定的历史阶段，是积极有效的，然而社会发展到今天，这个标准显出了不足，档案管理工作创造的信息价值和产生的社会效益是其价值和作用的体现，这些才是衡量档案管理工作水平的重要指标。因而档案管理工作应该强化对档案信息资源的管理功能，改变传统的经验管理，运用现代科技知识和管理技术进行科学管理。馆藏档案的价值含量、利用服务所产生的社会和经济效益，为高校档案管理工作馆藏资源情况的衡量标准，促使档案信息资源不断丰富，来适应高校发展和师生对档案服务利用的要求，适应信息社会市场对高校档案管理开放利用的需求。自我评估的目的在于了解档案管理工作的发展状况，掌握发展动态，探求发展需求，以求得适应长远发展的工作目标和途径。

除了高校档案管理工作的自我评估外，评估机制中还应该有上级主管部门和档案服务对象的评估，这两项内容可以直接反映高校档案管理工作的管理和服务水平。对主管部门的评估有利于明确职责，提高主管领导对档案管理工作的重视和支持。首先，将主管领导对档案管理工作的领导纳入评估，有益于主管领导对档案管理工作的直接指导，将档案管理工作列入高校各项工作的总体规划中，主管部门或领导能够关注到档案管理工作的动态，有利于档案管理工作在高校范围内顺利地开展。其次，增加对上级主管领导的评估有利于为档案管理工作争取较多的经费支持。高校属于事业单位，档案管理工作的经费支持来源于上级拨款，档案管理工作的业务开展、服务利用等有充足的经费支持，才能进行优化革新，从而更好地发挥高校档案管理工作服务高校，服务教育事业的重要作用。再次，有利于提高上级对档案管理工作人力资源的投入，包括对档案管理工作的编制、职称、人员培训等的投入，改善高校档案部门的人员结构，提高档案管理工作者素质的一系列规划和设计，对高校档案管理工作的可持续发展提供人力资源的保障。最后，对主管领导的评估也是领导责任制的体现，有利于对工作责任的划分。

对档案服务对象的评估，是对档案服务对象需求的一种统计调查，通过对档案服务对象利用档案内容进行统计，以掌握档案服务利用中档案信息资源的价值和时效，有利于按照档案管理资源的信息时效进行及时处理，避免信息延迟造成档案服务价值减少，有利于进行档案信息资源的需求分析，从而有针对性地进行档案管理资源的开发。

4. 引入机制

引进先进的管理人才，优化管理人员队伍，提高管理人员的整体水平。随着档案管理信息化建设进程的推进，档案管理的专业化人才需求更为强烈。由于高校普遍地重科研、教学，轻档案管理的做法，导致档案管理专业的人才大都不愿意从事档案管理工作。从徐州某些高校的管理人员的专业情况来看，只有少数人是档案学相关专业，信息化建设中的强专业性要求又决定了引进先进专业人才的必要性。因此，学校应该改变轻档案管理的态度，投入足够的资金，引进先进的档案管理相关专业人才，填补专业化人才的缺失。同时，学校对档案管理的重视也能留住专业性人才，防止人才流失。因此，学校从根本上转变忽视档案管理工作的态度，加大对档案管理信息化建设的投入，引进先进的相关专业管理人才，才能留住人才，提高管理队伍素质，真正解决信息化建设中专业人才的缺失问题。

5. 网络信息安全机制

（1）提高管理人员的安全意识

档案管理的信息化使得档案信息通过数字化处理，更容易复制和传播，在提高了管理便捷性的同时，也相应增加了信息泄露的风险。在档案管理信息化建设的过程中，管理人员的安全意识直接影响了档案信息的安全度。在档案管理的过程中，管理人员如果缺乏安全意识，浏览恶意网站，或者对档案信息管理不当，造成信息恶意泄露，将有可能造成严重的信息安全问题。因此，在档案管理信息化建设的过程中，应该要加强对管理人员信息安全知识的教育，增强他们对档案信息泄露造成的危害的认知，提高其安全意识，减少因个人工作失误造成档案信息的安全事故。

（2）加大安全技术投入，减少技术安全漏洞

档案信息化建设的过程中，计算机网络技术的运用使得网络信息安全成为重要问题。信息化特殊载体形式档案的出现，尤其是光盘为载体的数字化档案，从生成、保管到利用都对安全环境有着较高要求，这就要求我们必须加大安全技术投入，确保计算机信息安全。首先，为了确保数字档案形成和保存无误，需要保证计算机安全运行，避免因操作失误造成数据缺失或遗漏，同时需要加入“防写”“加密”等计算机计算，防止数据被

恶意篡改。其次，为了保证数字在传输过程中的安全性，需要设置网络安全技术，防止电脑被恶意病毒侵入损坏或盗取数据。

（3）建立完善的安全管理体制，及时发现并解决安全问题

安全技术只能在技术层面上防止数据安全事故的发生。为了创造良好的档案管理信息化环境，需要建立完善的安全管理体制，在安全管理体制下，管理人员都具有较高的安全意识，同时具有相应的奖惩机制激励他们去发现和解决安全问题。在安全管理体制下，管理人员能够及时发现问题，并进行及时反馈，使安全问题得到解决。安全管理机制的完善，为档案网络信息安全工作提供了体制保障。

（二）健全高校档案管理组织职能

1. 完善档案管理职能

高校档案管理组织对高校档案进行管理，要求对档案的管理完整、安全和规范，在此基础上，还要适应高校发展和社会的需求，注重档案管理的现代化和科学化。现代高校档案管理工作不再是简单的收集、保管、借阅，还要遵循高校档案管理工作发展的规律，对档案管理工作进行研究探索。以往档案管理工作忽略了高校档案馆（室）保管档案的真正目的，是为高校和社会各方面提供档案信息服务，造成重收藏、轻开发，使高校档案馆（室）几乎成为只进不出的信息绝缘体。开发档案信息资源是档案管理的重要任务，也是档案管理工作的职能所在。完善管理职能，要根据档案服务对象和社会市场的需求，将管理的重点由传统的保管转向档案资源的开发、信息的重组和创新，使馆藏档案信息的潜能得到充分发挥，只有这样才能真正实现档案管理工作的根本转变。

2. 加强档案的服务职能

高校档案的管理工作是一项为高校和社会服务的工作，服务是高校档案管理中所有工作的最终目的。加强档案的服务职能，将档案服务放在高校档案管理工作的首位，各项档案管理工作的开展围绕着为高校教育科研服务、为社会服务为中心，拓宽高校档案管理工作的发展空间。

3. 建立档案教育职能

档案教育是档案服务职能的一种表现，但又同档案服务不完全一样，或者说档案的教育是对档案服务的扩展和外围支持。档案管理组织的教育职能表现在：加强舆论宣传，增强高校乃至社会的档案意识。档案教育可以多种形式出现，对高校档案管理工作成就的宣传，将档案信息资源开发成果进行展示，对高校师生进行档案管理工作重要性的教育宣传。借鉴高校图书馆承担文献检索课程的做法，在高校教学中增加档案知识以及利用方法的课程，提高高校学生的档案意识，并指导其档案利用的方式方法，对高校档案管理工作效率的提高会有很大的帮助。高校档案管理组织还应主动承担起高校校史馆的建设和管理任务，通过校史馆这一高校校园文化的展示窗口和平台，实现高校档案管理组织的档案教育职能的延伸。

（三）高校档案管理人员的职业道德建设

高校档案是高等院校对其所从事的教学、科研、党政管理及其他各项活动的历史记录，它所呈现的方式是多维的、直观的，可以是文字、图表的形式，也可以是声音、影视的形式，尤其是高校的设备档案关系着国有固定资产，高校档案应该遵循真实可信的原则，它必须真实地记录高校在各个发展阶段的办学宗旨、任务和未来发展方向。作为管理和教研信息资源记录的高校档案，对于高校的建设和未来发展起着重要的借鉴和导向作用。在高校档案管理的各项工作中，档案管理人员都将参与其中并扮演着重要的角色。档案管理工作的优劣与否、效率的高低程度，都与管理人员的职业素质和道德水平息息相关，可以说档案管理人员的职业道德是高校档案工作的生命线，它已经成为当前我国高校建设中的一个重要课题。

1. 高校档案管理人员职业道德建设的基本要求

（1）端正正确的职业态度是档案管理人员职业道德的前提

高校档案管理人员的职业态度是指高校档案管理人员对自己所从事职业的观念和态度，承担着自己所从事职业的责任。档案管理人员的职业态度反映在职业道德认识上，具备强烈的责任心和高度的事业心。一个合格的高校档案管理人员应当树立良好的职业态度，不仅要充分认识高校档案馆馆藏的价值对高校建设、教学、科研和社会贡献上有着举足轻重的作用，而且也要意识到高校的档案管理工作不仅是一个职业，是一项事业，更重要的，它还承担着对社会的责任。高校档案的命运在相当程度上取决于高校档案管理人员的工作能力与工作责任感。从这个意义上来讲，高校档案管理工作的独特性要求高校档案管理人员具有正确的职业态度，只有端正的职业态度，才能对自己所从事的职业带有一份热爱、珍惜和重视，不惜一切代价为之付出与奉献，进而从中获得一种荣誉感和成就感。职业态度体现了高校档案管理人员对事业的追求和思想所达到的境界，体现了他们的勤恳和精神风貌，更体现了他们具有的责任心和事业心，因此，职业态度是凌驾于所有物质利益之上的一种精神追求，是职业人员对自己所选择职业认可与热爱的心理表征，是社会责任感的具体体现，同时也是一种发自内心的持久动力。高校档案的管理人员只有牢牢把握住这种精神力量，才能在日常的工作中做到开拓创新、兢兢业业、勇于奉献、积极向上、克己奉公，只有把这种精神力量内化为档案管理人员的潜在意识，才能进而形成一种强烈的事业责任感，促使自己更加热爱事业，忠于职守，勤奋努力，最终在工作中取得出色的工作业绩。

（2）维护档案的完整和安全是档案管理人员职业道德的核心

维护高校档案的完整与安全是档案管理人员职业道德内涵中特有的一条，也是档案管理人员职业道德的核心。档案管理人员在工作中要具有一丝不苟的精神，否则就有可能对历史、对后人造成无法弥补的损失。

在高校档案管理中档案的完整是重要的一个方面，档案的完整包括数量上的完整和质量上的完整。档案数量上的完整，就是在档案收集过程中凡是具有保存价值的档案，都应尽可能地收集齐全，不得残缺短少；档案的质量上的完整，就是档案的系统性，要切实维护文件之间的有机联系，不能人为地割裂文件之间的联系或者凌乱堆放档案文件，否则，即使是凑足了档案的数量，仍然不能认为这部分档案是完整的。

高校档案管理中档案的安全也是重要的一个方面，档案的安全包括物质安全和政治安全。档案的物质安全，即要求档案管理人员在管理上、技术上采取合理的措施，确保档案不受损坏，尽可能延长档案的使用寿命；档案的政治安全，即确保档案机密内容不丢失、不泄露。

总之，就是维护档案及档案资料的本来面目，真实立档，真实用档，是高校档案管理人员应当树立的职业道德思想和行为规范准则。档案是历史的真实写照，决不允许虚假和凑合，档案及档案资料不能人为地被篡写、伪造、涂改、删除、抽页，要尊重档案和尊重历史。高校档案管理人员是高校档案的管理者，要时刻维护档案资料的完整和安全。

（3）遵守档案保密原则是档案管理人员职业道德的基础

《高等学校档案管理办法》中提出“高校档案机构应当按照国家有关规定公布档案。未经高等学校授权，其他任何组织或者个人无权公布学校档案。”并且规定“属下列情况之一者，不对外公布：涉及国家秘密的；涉及专利或者技术秘密的；涉及个人隐私的；档案形成单位规定限制利用的”。以上可见，保密档案提供利用时，必须遵守《高等学校档案管理办法》所规定的保密要求。

做好档案保密工作，必须做好以下三个方面：

①要加强档案管理人员的保密责任感，提高警惕，防止出现意外。《高等学校档案管理办法》中所规定的不许对外公布的情形，一定要守法执行。

②做好保密档案及档案资料开放前的保管工作，即明确涉密载体的类型，做好涉密档案利用中的审查监督工作，做好涉密档案的解密、降密工作。

③强化网络安全知识。当今世界数字化、网络化的高速发展，档案管理形式也由原来的手工管理模式发展为计算机为主的数字化、网络化管理模式。因此，局域网或互联网被越来越多的档案馆所使用，一方面进行档案的收集、整理、服务等工作；另一方面进行档案信息的管理、发布，档案数据的保护、资源共享等等。然而，由于网络中存在病毒、极易受攻击、难以防范等风险性，使得档案保密性受到一定的挑战。因此，档案管理人员必须学习新时代下的档案保密知识和应对办法，采取有效措施强化网络安全。

（4）树立高度的法律意识是档案管理人员职业道德的必要条件

当今社会，是法制社会，法制观念与意识是档案管理人员必须具有的基本素质之一。法制意识是档案管理人员职业道德的必要条件，法制观念是在一定的法律知识的基础之上所形成的，它的核心就是人们对法律重视的程度和自觉依法办事的意识。根据《中华人民共和国档案法》（以下简称《档案法》）的定义，“本法所称的档案，是指过去和现在的国家机构，社会组织及个人从事政治、军事、经济、科学、技术、文化、宗教等活动直接形成的对国家和社会有保存价值的各种文字、图表、声像等不同形式的历史记录。”档案含有国家机构、社会组织、内部组织机构、人事变动、经费流转等的重要信息，或者对于某个专业领域具有重要价值。

作为档案管理工作人员，首先要增强依法、守法的思想意识与观念。具体说来就是要求档案管理人员不允许损坏、丢失国家所有的档案；未经同意不准擅自提供抄写、外传属于国家有关部门规定保密的档案；不许伪造、涂改档案；对国家和社会具有保存价值的档案不准擅自出卖或转让，不准将档案卖给外国人从中获得利益和好处；更不准明知保存的档案面临损失和危险而不采取任何措施；不准携带禁止出境的档案及其复印件出境等。档案管理人员还需要学会运用法律手段来分析问题、解决问题。档案管理人员应当根据法律行使自己的职责，按时接收档案，认真管理好档案，为档案的利用创造良好的条件，简化手续，方便利用。要坚决杜绝玩忽职守现象的发生，坚决同违法犯罪行为做斗争，无私地维护国家、集体及个人的合法权益。

2. 加强高校档案管理人员职业道德建设的主要途径

（1）提高档案管理人员的职业技能

所谓的职业技能指的是人们从事档案工作活动所形成的行为方式、动作序列和智力活动方式。任何一个职业活动都是众多动作行为和思维运动的集合，所形成的技能也都不是单一的，而是一个有机体系。高校档案管理人员的职业技能指的是从事高校档案管理的工作者必须具备的档案相关知识、技术和管理档案相关工作的技能。它是开展教学和科研工作的重要因素，是完成档案管理任务、实现档案管理工作者职业理想的业务前提。档案管理人员的职业技能的高低决定着档案事业的发展程度，档案管理人员除了必须具备忠诚于党的事业、爱岗敬业、乐于奉献、服务意识、坚持原则等职业道德外，还应具有较高的文化知识，形成一专多能的复合型档案管理人员。档案管理人员应从以下两方面提高职业技能：

① 通过学习提高知识结构

知识结构是指从业人员应具备精深的专业知识和广博的知识面。档案管理工作人员的知识结构指的是他们经过专业知识的培训之后其本身所具有的知识系统的构成情况和结合形式。如今的档案数量种类繁多，内容涉及自然科学、社会科学等各个领域，要实现档案的合理使用和有效管理，高校档案管理的工作人员应当具备的相关知识有：政治理论知识。学习掌握党的二十大会议精神，坚决落实到实际行动中；档案学知识。档案学理论来源于实践，又指导着档案管理工作，这是一名档案管理人员必须具备的基础知识；文史知识。语言文字与档案管理和服务是非常密切的，对于搞好档案信息管理具有重要作用。档案管理人员在很多工作环节上主要是凭借文字功底来进行，包括古代汉语、现代汉语和历史知识；相关学科知识。档案管理是一项涉及面广、涉及门类多的系统工作。特别是在各门学科交叉渗透的今天，仅有档案专业知识是远远不够的，还要学习和掌握相关学科知识，如：英语、计算机操作、网络知识等，才能胜任档案管理工作。

② 通过实践提高能力

能力是人从事某项活动所必需的，直接影响活动效率并使活动顺利完成的个性心理特征，即通常所说的完成一定活动的本领。档案管理人员在从事本职工作的过程中，需要具备以下的基本能力：文字表达能力。文字表达能力是档案管理人员的基本功之一，只有掌握语法、逻辑、修辞和一般的写作知识与写作技巧，才能更好地将档案的归类、整理与管理有机结合；信息意识能力。在今天，整个社会已经进入信息膨胀的年代，信息无处不在，无时不有，只有重视、掌握并有效利用信息的人，才能在激烈的竞争中占据优势，处于主导地位。档案不仅如实记录了人们真实的社会实践活动，而且还反映了客观事物产生、发展、消亡的过程，因此，现在我们可以通过档案知晓某些事物发展变化的过程，将档案作为处理问题、解决问题的基础和前提。因此，档案因其具有最原始、最直接、最真实的特征，从而使其在信息领域中独具特色。档案管理人员把对信息的开发利用变成一种自觉行动，在潜意识中树立起信息意识。沟通协调能力。档案工作不可能单独完成，需要与其他环节的工作相互配合、相互支持、相互协助才能顺利完成。首先，要加强与领导联系，争取他们对档案工作的支持，并提供必要的人、财、物保障；其次，要协调好与其他部门的联系，保证各部门文件的整理质量，并按时向档案部门归档移交；最后，要协调好与利用者的关系，档案工作的根本目的是向全社会提供档案信息，便于利用者的使用。综合分析能力。综合分析能力就是一种对信息的处理能力。档案管理工作人员的综合分析能力主要表现为：首先，档案管理人员对档案内容的概括能力和分析加工能力。档案管理人员对每一份档案材料，要能准确领会其内容实质，概括出案卷标题，进行科学的分类组卷，制订合理的检索工具，准确地判定其价值。其次，要在实践中不断摸索和及时总结档案工作的特点和规律，不断改进工作思路与方法，提高档案工作的整体水平。最后，档案管理人员要注重政治经济形势分析，并据此提出档案部门为打开工作局面的新设想，新思路。

总之，档案管理人员只有通过学习具备这些知识，通过实践掌握这些能力，从而提高档案管理人员的职业技能，更好地完成高校档案工作。

（2）强化档案管理人员的职业纪律

职业纪律指的是人们在特定的职业活动范围内从事某种职业必须共同遵守的行为准则。其主要特征是具有职业性、安全性、自律性和制约性。高校档案管理人员的职业纪律指的是从事档案管理工作的人员在工作中必须遵守的行为准则，例如：规章、条例、守则等，遵守高校档案管理的职业纪律，不仅有利于提高档案管理工作的效率，还有利于保持高校档案管理工作的正常秩序和全校其他部门的有效运行。加强档案职业纪律修养，是从业人员干好本职工作，增强档案职业观念，对提高执行档案职业纪律的自觉性具有重要意义。加强档案纪律应注意以下几点：

① 提高对遵守档案职业纪律重要性的认识

要使档案管理人员明白，职业纪律是社会主义和人民群众利益的反映。全心全意为人民服务的宗旨在档案领域的集中体现就是自觉遵守档案职业纪律。要培养档案管理工作人员对档案职业纪律的情感、树立档案职业纪律的坚定意志和信念，无论何种情况下，都能在科学正确的职业纪律意识的指导下，自觉遵守维护档案的职业纪律。

② 认真加强职业道德品质的修养

优良的档案职业道德品质，乃是自觉遵守档案职业纪律的基础和前提。一个人如果具有崇高的档案职业道德修养，那他必定是一个自觉遵守职业纪律的人。因此加强职业纪律修养，要同加强职业道德结合起来。

③ 培养自我克制能力

众所周知，职业纪律具有明确的规定性和一定的强制性的特征，职业纪律的强制性要求档案管理工作人员必须具备自我克制能力。档案管理工作人员只有具备了自我克制能力，才能更加严格地要求自己，尤其是在自己单独行为处事时，才能自觉抑制不好或者不应有的情感和思想，坚决抵制任何违反档案职业道德的事情。

总之，职业纪律的习惯，是从一点一滴的小事做起，任何大事多从小事开始，只要事事、处处遵守职业纪律，就会养成良好的习惯，形成遵守职业纪律的高尚道德品质。

（3）培养档案管理人员的职业良心

马克思主义伦理学认为，职业良心通常影响着从业人员的职业道德行为，贯穿于职业活动的整个过程，逐渐成为从业人员开展工作的精神支柱。所以，应当格外重视培养从业人员的职业良心即职业道德建设。档案管理人员的职业良心是一种道德自律，培养档案管理人员的职业良心的过程中除了必要的道德教育外，也是档案管理人员道德观念、道德情感、道德意志在个人意识中的统一。贯穿于档案职业活动的全过程，成为档案管理人员的重要精神支柱。档案管理人员的职业良心是档案管理人员为高校档案事业建功立业的重要精神支柱，也是高校档案管理人员职业道德完善的最强大的心理动因，培养职业道德应努力做到：

① 加强道德观念，以培养职业良心

加强档案管理人员的道德观念，就是加强档案管理人员对档案职业道德原则、道德规范的理解。从社会主义建设者方面来讲，应当强调用马克思主义的理论武装自己，从社会主义本质方面来理解社会主义职业道德原则和规范。在档案工作当中，明确知道自己应该做什么，不应该做什么。对自己应该做的，要尽心尽力地去做，一丝不苟地做好档案工作，将自己的全部精力、全部知识、全部智慧都用在档案事业当中。

② 加强道德情感，以培养职业良心

加强档案管理人员的道德情感，就是加强档案管理人员对档案工作的热爱。海尔集团创始人张瑞敏说过：“把每一件简单的事做好就是不简单，把每一件平凡的事做好就是不平凡。”只有本着对档案工作出自内心的热爱，本着对所服务的人的一种热爱之情，以为人民多做贡献为荣。由职业道德情感才引发出职业道德行为的内部动力，获得对档案事业的高度责任心，在档案这个平凡的岗位上，做出不平凡的成绩。

③ 加强道德意志，以培养职业良心

加强档案管理人员的道德意志，就是指档案管理人员要在心理上承受得住社会中的各种利益诱惑，不为所动。以坚定的意志，始终不渝地档案精神，坚守着档案工作的本质要求。档案当中有许多珍贵的孤本资料和一些机密的信息，如果没有道德意志，在金钱的诱惑下，失去职业良心，将会给国家和社会造成严重的无法弥补的后果。

（4）珍惜档案管理人员的职业荣誉

职业荣誉就是每个职业人，在自己职业范围内做好自己职责范围内的事情的那种职业责任感及做好职业之后在社会上获得的尊敬、自尊及感到光荣的那种感觉。职业荣誉是敬业爱岗的具体表现，是从事该职业的道德情感。良好的荣誉有益于道德的提升，智慧的启发，同时还能激励一个人发愤图强、自强不息，使其坚定地为人民服务的信念，从而在自己的岗位上成就一番事业。

没有了对职业的荣誉感，就会失去对岗位的兴趣，也就提不到爱岗敬业；有一些具有高学历的人，由于就业压力被分到档案部门，心理上虽然存在一些不情愿，但出于无奈，只好从事档案工作。当被别人问到在什么地方工作时，只讲自己是在大学工作，不愿说出自己在档案馆工作，认为在档案馆工作是一件丢人的事，这种缺乏对档案工作的荣誉感，也就难以达到对档案管理工作的热爱，也感受不到档案工作的荣誉感和幸福感。其实，无论你的职业是什么，只要在工作中做出一流的水平，为社会做出了贡献，体现出自己的价值，就会体现出一种幸福感，也就是荣誉感。

高校档案管理人员的职业荣誉是社会对高校档案管理人员道德行为的价值所做出的公认的客观评价和档案管理人员对自己行为价值的自我意识。这种职业荣誉主要有两个方面的内涵：一是客观评价，它是一定社会或一定阶级对档案管理人员为社会发展和事业进步做出贡献行为的褒奖和赞许。二是主观意向，它是档案管理人员自尊心、进取心的意向。高校档案管理人员在职业责任感驱动下，自觉履行档案管理人员责任，珍惜档案管理人员的职业荣誉，是社会给予的褒奖和赞许以及档案管理人员内心所产生的尊严感与自豪感，它是高校档案管理人员进一步自觉履行档案管理责任和实现档案管理工作的心甘情愿的强大动力。倍加珍惜高校档案管理人员的职业荣誉，自觉地依照相关规定完成自己应做的工作，宁可委屈自己、牺牲自我，也坚决不会违背档案管理人员的职业良心，做出与档案管理人员职业道德背道而驰的事情来。

强化和珍惜档案管理人员对档案职业的荣誉感，需要通过各种新颖的形式，丰富内容的主题活动来教育和宣传，赞颂档案职业当中的道德模范，奖励那些在平凡的档案岗位上具有强烈职业荣誉感和自豪感的优秀人才，让更多的档案管理人员感受到荣誉，感受到社会责任和为人民服务的义务。

（四）构建高校设备档案信息系统管理平台

高校在购置、验收、调试、运行、日常管理、维修、改造报废过程中所形成的文字、图表、数据、图片等均属于仪器设备档案。做好仪器设备档案管理可以确保仪器设备高效运行，优化设备采购流程，保证实验室人员和环境安全，实现资源高效配置。仪器设备档案信息化管理是借助现代信息技术、网络技术、通信技术对设备信息、科研成果进行全面数字化，并建立集成和共享的开放平台，实现仪器设备档案科学化管理。

在新形势下针对当前高校设备档案信息化管理现状，构建一套可供实施、合理有效的互联网环境下的设备档案网上管理平台，提高整个设备生命周期信息化管理水平，使全校师生在统一平台上实现资源共享，这对于提高设备档案管理的水平，实施高效率的设备管理，更好地为教学和科研服务有着重要的意义。

以“设备全生命周期”为理念，即通过仪器设备前期购置、中期维护、后期处置三个阶段的流程管理，在总结各高校仪器设备档案管理的基础上，结合本校设备档案管理的实际情况，构建高校设备档案信息系统管理平台。学校主管部门可通过构建仪器设备档案信息系统管理平台，建立统一规范的档案信息数据库，为仪器设备开放共享服务。

该平台的主要功能是将仪器设备从申报、采购、入库、验收、使用、维护（维修）和报废的整个生命周期的档案信息化管理。根据仪器设备整个生命周期的信息化管理特点，该设备档案信息系统管理平台主要包括：设备基础管理系统、设备卡片管理系统、设备采购预算系统、设备信息系统（设备新增、设备折旧、设备变更、设备处置）、设备维修管理系统和设备查询统计系统6个子系统。只要输入仪器设备的资产编号，系统将关联查询到设备的建账、使用状况、变更情况、转移情况、报废情况等信息，真正实现了设备的全生命周期的管理。该系统的设计有效地消除了“信息孤岛”，实现了数据的共享（见图1）。

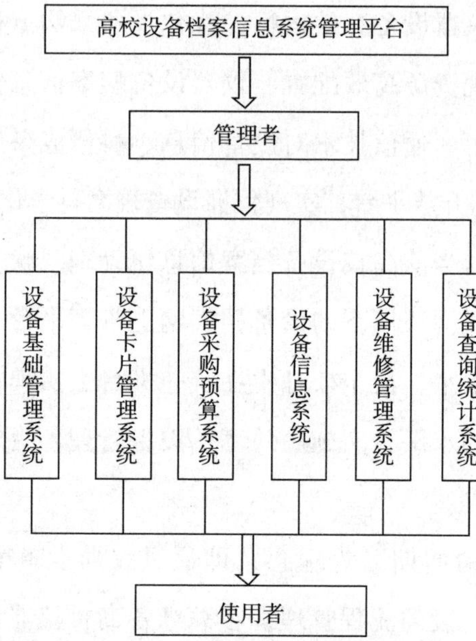

图1　高校设备档案信息系统管理平台

1. 设备档案信息系统管理平台的功能

该设备档案信息系统管理平台的共享互动主要有以下功能：

（1）信息查询功能。将仪器设备的全生命周期内的全部数据录入档案管理系统，形成一个全面、系统又完整的仪器设备档案信息系统，真正实现查询和利用为一体的网络化管理。管理人员和使用人员可根据需要依权限随时随地查询、统计和修改仪器设备的信息，能够做到更新及时、准确，真正做到档案信息的动态管理，大大提高了设备档案的利用率。

（2）规范和监管功能。设备档案更加注重全程管理，从申购到报废过程中的所有文件都应以数字化的信息存储于设备档案信息系统中。通过设备档案信息系统，查询者可以随时对各个环节的规范性进行了解和监督，大大加深了监管力度，保证相关信息通过规范的途径被合理和正确的使用。

（3）参考和计划功能。设备档案信息系统不仅包含了仪器设备的完整的原始资料，也能反馈设备各项性能指标、完好率、利用率等情况。这些信息资源作为重要依据，可以为管理者的决策提供参考依据，最大限度的实现仪器资源的合理配置和有效利用。

（4）实现动态管理功能。二是针对设备档案归档周期不一致的问题，可以开发不同的归档周期系统功能。将设备按照科研价值、利用频率等标准设置不同的分类管理系统，或者是采购时建立动态的设备使用年限表，优先开发利用率高和保存完整的数据资料。例如，采用 Web 技术和MySQL数据库开发的实验室信息管理系统，将用户管理、实验耗材管理、实验室管理、实验设备管理、实验课程管理集成在一起，优化了实验室的利用，其档案数据为后续实验室的设备管理提供参考。

2. 开发设备档案管理系统平台要注意的事项

保障数据完整，解决安全问题。一是规范档案数据的内容、流程。尽可能地增加数据量，实施设备台账式管理办法，如可以利用软件表格动态监测设备归档进度、完成周期、项目内容，数据库系统可以在采购、开箱阶段直接上传相关档案数据，形成要素完备的数据目录，平台系统设置不同要素完成进度，动态显示仪器设备归档完成进度表，实现多样信息化方式的优势互补。二是采用物理防护和安全监测两种办法解决数据安全问题。物理防护层面，划分仪器设备所产生数据的重要程度、保密程度、敏感程度，结合具体情况划分不同的数据层级；通过加装安全防火墙，定期修改登录口令和密码，运用各种加密技术、入侵检测技术、访问控制技术、区块链技术。安全防护层面，对档案数据全流程检测，限制对关键技术的访问，以增强数据的安全完整性。此外，强化人员的安全教育，定期对人员进行数据安全、软件更新、平台维护等知识的培训。

（五）对高校设备档案管理人员多元化激励

随着高校高精尖大型仪器设备的不断增加，在管理方面的疏忽很可能出现许多问题，特别是高校设备档案管理过去是最不受重视的环节，当然也是问题最多的环节。因此，亟须加强设备档案管理。加强高校设备的档案管理，必须提高设备档案人员的管理水平，最大限度地调动他们的积极性，使他们始终保持高度的责任心，为此，需要采用多元化措施来激励设备档案管理者的积极性，让他们主动参与管理、乐于奉献，把档案管理真正作为一份事业。

1. 激励理论概述

激励，就是激发士气、调动积极性。激励对管理是非常重要的，不仅在于能使职工积极地工作，还能使职工认同和接受本单位的目标与价值观，对本单位产生强烈归属感。然而激励又是一种复杂现象，它涉及动机，而动机是抽象的，无法直接度量。动机的多因性，使同样的行为可发自不同的动机，而同一动机却可有不同的行为表现。此外，动机还受个性等个人特点及文化等环境特点的制约。自20世纪20年代以来，西方管理学家和心理学家分别从不同角度研究探索，提出了多种激励理论，主要有以下几种。

（1）需要层次理论

需要层次理论是由美国心理学家马斯洛提出的，他认为人类的需要是以层次的形式出现的，由低级的需要发展到高级需要，当人的某一级需要得到最低限度的满足后，才会追求高一级的需要。他将人类的需要分为五个从低到高的层次，即生理的需要、安全的需要、社交的需要、尊重的需要和自我实现的需要。

（2）期望理论

期望理论是美国心理学家弗鲁姆提出的，他认为人们在预期他们的行动将会有助于达到某个目标的情况下才会被激励起来去做某些事情以达到这个目标，即：激励力=效价×期望值。其中：激励力是指一个人所受激励的强度，即调动一个人的积极性；效价是指一个人对某一成果的偏好程度，即目标的实现对满足个人需要的价值大小；期望值是指某一特别行动会导致一个预期成果的概率。

（3）公平理论

公平理论又称社会比较理论，是美国管理学家亚当斯提出的，他认为，个人不仅关心自己经过努力所获得报酬的绝对数量，也关心自己获得报酬的相对量，即也关心自己报酬和其他人报酬的关系。也就是说，人们通常要通过个人与别人的横向比较和与自己的历史比较来确定自己所获报酬是否合理，比较的结果将直接影响今后工作的积极性。

（4）强化理论

强化理论是美国心理学家斯金纳提出的，他认为，人的行为是对其所获刺激的函数。如果这种刺激对他有利，则这种行为会重复出现；如果对他不利，则这种行为就会减弱直至消失。管理者应当采取各种强化方式，以使人的行为符合组织的目标。强化分为正强化和负强化两类。奖励那些组织上需要的行为，以加强这种行为，即为正强化；处罚那些与组织不相容的行为，以削弱这种行为，即为负强化。

（5）目标设置理论

洛克提出了目标设置理论，认为工作目标的明确性可以提高工作的绩效。因为人有希望了解自己行为的结果和目的的认知倾向，这种倾向可以减少行为的盲目性，提高行为的自我控制程度。明确的工作目标可以使人们知道他们要完成什么工作，以及付出多大努力可以完成。特别是目标相对于职工的能力有一定的难度，但又是通过一定程度的努力可以实现的，这种目标能提供一种挑战性，同时通过目标的完成，职工获得成就感，也满足了自我成长的需要。目标设置理论非常强调及时反馈，使得职工对自己的工作完成情况有清楚的认识。

2. 对高校仪器设备档案管理人员激励的举措

（1）运用需要层次理论，满足不同层次需要

关心管理人员的不同层次需要，实施有效激励需要个体和社会的客观需要在人脑中的反映，是个人的心理活动与行为的基本动力。需要产生动机，而动机决定行为。人的需要是多样的，这就要充分了解管理人员的心理需要，例如，有的需要休假，有的需要改善工作环境等，根据管理人员的不同层次的需要，采取相应的手段，引导他们的行为。当他们的需要获得相对满足时，追求上级需要就成了驱动行为的动力。

（2）运用期望理论，实施目标激励

根据期望理论公式，如果被激励者的期望值高，同时激励的目标价值也高，则激励的力量就大，产生积极性就高。因此，我们可以借鉴期望理论，明确管理人员的奋斗目标，并使其保持一定的期望值，充分调动他们的积极性，实施目标激励。我们要设立一个高要求的目标，比如，学校在仪器设备档案管理方面要达到“国家一级”水平，或项目验收检查时，专

家评语达到“优秀”标准，这样目标明确，平时工作中，再通过学习、培训、阶段检查指导、表扬、激励等方法，使管理人员有实现目标的信心和决心，从而能保持较高的期望水平。

（3）运用公平理论，实施公平激励

公平的评判有许多因素和角度。一类是纵向比较，包括管理人员在同一组织中把自己的工作和待遇与过去的相比较，也包括他们将自己在不同的组织中的待遇进行比较。另一类是横向比较，包括管理人员在本组织中将自己的工作和报酬与其他人进行比较，也包括与其他组织人员的工作与报酬进行比较。如果他们通过比较认为自己的付出与收益不成比例，则会强烈地感到不公平，从而挫伤工作的积极性。因此，我们在工作中，必须具有高度的公平意识，要大力倡导公开、公平、公正，实施公平激励。比如，在评选先进时，要严格按事先制定好的规章制度打分，然后公布结果，按结果评选先进，让管理人员感到他们的评选是公平的，能继续安心工作，并以此受到鼓励，会更加努力工作。

（4）运用强化理论，实施正负激励

正强化是对某种行为的肯定和奖赏，使这个行为得到巩固和保持；负强化是对某种行为的否定或惩罚，使之逐渐减弱、消退。在实际工作中，对于档案齐全、按时完整归档的，要给予评优，进行必要的奖励，并大力宣传他们的典型事迹，从而激发其他人员效仿榜样、奋发向上；而对于档案不齐全、不按时归档的，要进行批评。一则让当事人吸取教训；二则让其他人受教育，引以为戒。

（5）运用目标设置理论，提高工作绩效

设定一定的任务目标，实行目标激励管理。也就是将每年应完成的基本工作量定为任期目标，使管理人员明确目标，提高工作效率。首先，我们根据国家及上级有关部门规定，设立好每台仪器设备从产生到报废，有哪些资料需要归档这一总体目标。然后，规定每个部门需要负责哪些资料，比如，采购部门管理人员负责收集、整理归档的资料有：使用单位上交的论证报告、计划部门同意购买的批复文件、本部门组织招投标过程中形成的文件资料、购买时签订的合同等。货到以后，资产管理部门负责验收，要归档的有：验收报告、调试报告等。仪器使用部门要负责填写使用登记、维护、维修登记、报废时填写报废申请等，这些都是各部门管理人员需要收集归档的资料。总之，加强高校仪器设备的档案管理，要应用好激励理论，充分调动档案管理人员的积极性、创新性。同时要进行全方位的激励，注意激励的时效性及有效沟通性，最后达到激励的目的。

Unit Five

第五章 高校设备档案数字化建设的实施

数字化是高校设备档案信息化建设中任务繁重的一项阶段性工作，它是将传统的纸质档案图像照片、声像档案和缩微胶片等通过扫描、摄录、采集等手段转化成数字形式的计算机文件的过程。数字化过程需要使用扫描仪、数码相机、数字摄像机等信息采集设备，综合运用扫描技术、多媒体技术、数据压缩存储技术和数据库技术等。

一、高校设备档案信息数字化的目的

设备档案信息化建设的根本目的是最大限度地发挥档案资源的价值。档案部门配备电脑构建信息网络，只是营造了档案信息利用的“高速公路”，这些“高速公路”能否真正发挥效能，取决于有无充足的运送对象——数字档案资源。对传统档案进行数字化，旨在为信息传输“备货”，其意义不言而喻。具体目的有以下五个方面：

（一）提高档案信息的利用效率

数字化后的档案可以在网络环境中提供利用，充分发挥网络传输面广、越时越地、快捷便利的特点，解决传统利用方式中同时利用带来的矛盾。此外，数字化后的档案可以与办公OA系统生成的现行电子文件在同一系统中提供利用，极大提高了文档信息的利用效率。

（二）保护历史档案

许多历史档案因物理老化或保管不当而脆弱易损，如不及时“抢救”，很可能彻底损坏，通过制作其数字化副本代替原件流通利用，可保护重要历史档案免遭进一步损坏。

（三）规避安全风险

通过异地存放多套档案数字化副本，确保档案信息的安全，规避各种自然灾害或人为损害对档案信息可能带来的灾难性后果。

（四）缓解库房空间的紧张

对于日益增多的非永久保管的半现行文件，可通过制作数字化文本来取代原件进行保管，可以缓解档案库房保存空间的压力，提高空间利用率。

（五）便于档案移交工作

以数字化档案代替档案原件，以档案“信息流”代替档案“物流”，可以解决已到移交年限档案的移交与利用之间的矛盾，便于档案移交工作的正常执行。

二、档案信息数字化的原则和要求

为确保数字化档案的质量，实现数字化的目的，档案数字化工作必须遵循“档案信息资源准确、方便、快捷地提供利用，使可以公开的档案信息资源得到共享，以满足高校对档案利用的需求”这一基本原则，在此原则的基础上遵守以下要求：

（一）规范性要求

规范性是开展档案信息数字化最基本的要求，也是确保数字档案信息可用性的基本条件。规范性要求的内容是：所有数字化的档案信息必须按照规定的技术模式、文件格式和工作标准进行数字化，并尽可能采取通用标准。

档案数字化的目的是利用网络这种新的信息传递方式来提供档案服务。因此，数字档案信息的存储与传递必须制定并采取各方认可的规范与标准，以避免因存储格式和软件平台的不同而不断更换，造成资源浪费和时间延误，降低信息存储与传输的效率。

目前，我国档案界已制定了许多数字化规范，对档案信息的数字化起到了很好的规范作用。例如，2005年4月国家档案局为纸质档案的数字化发布了档案行业标准《纸质档案数字化技术规范》。有关照片、录音、录像和缩微影像档案的数字化规范也在研究和待定之中。规范化还有助于选择最佳的档案数字化技术方案。

（二）安全性要求

安全是开展档案信息数字化必须考虑的重要因素。安全要求有两层含义：

1. 确保档案原件的安全

数字化需要对档案原件进行扫描、录音或摄录，因而有可能对原件进行拆卷加工或其他必要的处理。由于被数字化档案大多数是要继续保存的，在数字化处理过程中必须最大限度地保护档案原件，尽量避免造成档案原件内部特征和外部特征的不可逆变化。否则，一旦发现处理质量不如人意或者处理好的数字化档案信息被破坏和丢失，便没有挽回的余地。对于具有文物或史料价值的档案，遵守这一点尤为重要。为将数字化工作对档案原件的安全威胁降至最低，必须仔细设计档案信息数字化的工作流程，制定严格的操作规程，以确保数字化工作安全有序地开展。

2. 维护档案信息的保密性

我国档案行业标准《纸质档案数字化技术规范》要求“纸质档案的数字化，必须符合国家档案开放规定以及有关规定，对所要进行数字化的对象要按照一定的原则和方法进行确认”。虽然被数字化的档案大多数是开放文件，不具有保密性，但是为了保护档案原件或为备份拟移交文件而进行的数字化，则可涉及保密档案。档案数字化工程可以有外来人员参与或交由专门的机构公司来承担，为此对参与数字化工作的公司和人员进行严格的安全保密教育，签订安全保密协议，限定其操作权限和责任。对于内容十分敏感或者有非常严格使用范围的档案文件由专门人员采用专门的设施进行数字化。数字化后应将计算机中缓存在操作终端或服务器中的相关文件彻底删除，以免失密。

（三）真实性要求

档案信息的数字化必须确保信息内容的原真性。数字化是对档案信息存在形式的变换，这种变化犹如对档案原件进行复制一样，可能出现复制件内容与原件内容不一致的情况。“忠于档案原文”是档案工作者的天职，在档案信息的数字化过程中，必须严格维护数字化档案信息内容的原真性，最大限度地保留档案信息的原始面貌。如果数字化后的档案信息大量丢失原载体上的信息内容，那么，档案数字化将失去意义。

事实上，由于技术和文件体积上的限制，因数字化造成档案信息某种程度的失真将不可避免，为此，在选择文件格式、技术参数和处理方法时，必须在文件精度、文件大小和系统处理速度上进行权衡，优先考虑文件的保真度，力争将信息失真降低到最低程度，至少应限制在可允许的范围。

在数字化过程中，为尊重档案的本来面貌，应避免对档案内容做额外处理。例如，一个设备附带的图像文件只要它是原件信息的真实反映，就不能因其有瑕疵而利用图像处理软件对其进行“修正”。又如音频和动态视频文件，由于模拟信号精度较低，其声像常常伴有背景噪音，我们在对其数字化后不可人为地使用降噪音技术进行额外处理。但是，为避免数字化后的档案信息被改动，采用数字水印等技术对其进行“防篡改”处理则是被允许的，这种处理不但不会改变档案的内容，相反对数字化档案信息的真实性起到了“固化”作用。

（四）效率性要求

档案数字化工作面广量大，耗时耗财，必须十分讲究工作的效果与效率。效率原则有两方面的要求。

1. 要采取最优化的技术方案

应在充分研究的基础上选择最优化的档案数字化方案，包括最优化的工作流程、最合理的文件格式、最有效的信息存储模式和高效、经济的数字化加工系统。技术方案决定着整个数字化工程的成败和效率，而高效率的数字化加工系统更是档案数字化工程的“善事之利器”。数字化加工系统的效率与设备投入的多少并不成正比，高效的数字化加工系统是硬件设备、软件系统和工作流程的合理配置，一味追求高配置的硬件设备，讲究扫描仪的扫描速度而忽视软件处理效率和加工力量的配备，会因设备利用率低下而造成浪费。多数情况下，配置两台中速扫描仪要比配置一台高速扫描仪的性价比更高。

2. 要实现档案数字化工程的专业化和社会化

对传统档案的数字化是档案工作从纸质时代向数字时代转型的过渡性工作。在过渡阶段，由于传统档案存量较多，需要集中处理，数字化任务比较繁重。但存量得到解决后，随着无纸化办公的进一步发展，档案数字化任务也就基本完成。因此，对大部分档案馆来说，数字化只是阶段性工作，至少经过一个阶段后工作量会锐减。每个档案馆都配置庞大的数字化加工系统是没有必要的，可以通过相互合作或通过外部的数字化公司来集中解决过渡时期的档案数字化任务，由此以较低的成本获得专业化服务，避免大量高配置设备的低利用率，从而提高整个社会的档案数字化劳动效率。

（五）实用性要求

档案数字化需要较大的投资成本，开展该项工作之前必须算好实际效益，明确其必要性。如前所述，对档案进行数字化可能出于各种目的，但归结起来不外乎两点：为保护档案尤其是濒危档案而制作数字化复本或为实现网络环境下的共享利用而数字化。深入分析可以看到，无论出于何种目的都只需要进行有限范围的数字化工作。

第一，需要用数字化副本的方式加以特别保护的濒危档案只是少数，况且这种利用替代式保护只是权宜之计，无法从根本上解决这类档案的长久保管问题（受数字载体物理寿命和技术寿命的限制，这些濒危档案的数字化副本可能比其原件更加脆弱）。

第二，为网络共享进行数字化，必然要考虑拟数字化档案的实际利用率，数字档案在寿命期内的网络利用频度足以抵偿其不菲成本的只是少数。

第三，互联网是超越时空的虚拟环境，存储在网上某一节点的数字化档案信息可以方便地被整个网上的所有用户使用，原有的时空阻隔被完全打通，许多原来因地域隔阂而重复保管的档案信息在网络环境中将成为冗余信息。档案机构在确定拟数字化档案的范围时必须充分考虑网络共享的这一特点。因此，原则上“属于归档范围且应永久或长期保存的、社会利用价值高的档案可列入数字化加工的范围”。那种认为“数字化档案馆系统以能产生和积累数字化的档案信息资源作为判定其成败的标志”的观点是值得商榷的，因“有文必扫”更是巨大资源浪费。为避免网上数字化档案信息的冗余与浪费，保证全网档案信息资源的全面、充足与系统，各档案馆在选定拟数字化档案时，要加强协作，强化专题特色，侧重将本馆所藏的特色档案转化为数字资源，从而实现整体上的互补，减少重复劳动。

三、推动高校档案管理数字化建设策略

（一）提高档案管理数字化意识，制定科学的管理制度

提高档案管理数字化意识是提高高校档案管理质量的必要前提和必然趋势，具有至关重要的作用和意义。

作为档案管理人员应该及时抛弃传统纸质的管理形式，有效创新档案管理模式，实现现代化管理形式，档案管理人员应该不断学习，有效提高自身的计算机网络技术，从而能够提高自身的综合素质。档案管理人员应该认真学习有关档案的法律法规，增强档案意识，养成自觉送档的好习惯，形成师生与档案管理员相互配合的良性互动，平时还可以不定期举办档案成果展览，加大对档案的宣传力度。

根据《中华人民共和国档案法》《高等学校档案实体分类法》《高等

学校档案工作规范》等法律法规制定的档案资料管理规章制度，真正做到档案资料收集、归档、立卷、保存和查阅工作的规范化和制度化，更好的保证档案资料的系统性和连续性。

（二）提高档案管理人员的综合素质，注重档案管理工作的创新

高校领导要重视档案管理工作，重视培养档案管理人才，对于现有的档案管理人员，领导应开展相应的培训活动，展开理论知识与实践管理的培训，提高档案管理人员的安全意识，档案保密意识，责任意识以及义务意识，从而提高档案管理人员的综合素质，有效推动高校档案管理数字化建设。高素质、高水平的管理人员是做好档案工作的关键，具体如下：

1. 配备专职档案人员，通过系统培训，掌握档案的专业知识和专业技能，以及管理系统操作技能。

2. 新员工培训要从政治素质，业务能力等多方面进行考核，制定明确的岗位职责，平时应加强思想教育，档案管理人员应具有爱岗敬业、无私奉献的精神，在人才的引进上要重视操作实践能力，遵守职业道德，做好保密工作。

3. 学校档案馆也应加强对各院系档案人员的业务辅导和指导，定期组织相关人员进行业务能力培训。

4. 档案管理工作创新需要档案管理人员具备扎实的专业知识和现代化科学知识，以学习促进创新发展，不断进行管理创新。实现各大高校之间档案管理工作人员的联动性，加强同行业人员的沟通与交流，互相汲取经验。

（三）从制度层面确保数字档案信息化的建设安全

建立健全数字档案信息安全法律法规，《中华人民共和国档案法》等现有法律法规中虽已有保障档案信息安全的相关内容，但并没有专门的法律。国家应尽快出台专门性的数字档案信息安全法规，通过法律层面来保证数字档案信息安全。数字档案操作便利，传递快捷，但又缺乏“原稿”概念，难以辨别真伪，有可能受到病毒侵害。除法律手段保证数字档案信息安全风险外，我们还要保证数字档案信息化建设管理制度，制度系统的规章制度，工作人员在操作时要严格遵循文字、音频、视频的格式，减少因操作不规范而引起的信息泄密。

（四）加大资金投入，完善配套设施、设备

设施的优质配备是实现数字化管理的保证，有现代化技术来做支撑，使档案管理数字化更加高效。档案网络建设和软件的开发需要经历一个从初级到高级更新换代的阶段，需要不断投入财力，档案数字化在启动阶段设施设备需要资金投入，还需要后续的软件、维护、服务等不断的后续投入，因此学校领导应加大资金投入，购买相应的档案管理设备以及应用软件，推广统一的档案软件，解决不同办公环境下数据转换的问题，优化升级档案管理系统的一系列办公设备，配置各种各样的影音视频资料以及先进的计算机硬件、软件设备。在软件设备上，学校要结合自身的档案管理情况选择最为先进的应用系统，要对系统软件的实用性、操作的难易程度、其他功能的开发等有一个详细的了解，做到真正将设备投入到日常的管理之中，达到物尽其用的目的。除此之外，高校还应该做好多媒体网络的覆盖工作，辅助高校档案管理数字化建设工作，推动

数字化校园建设。

（五）统一管理系统，实现资源共享

学校档案馆应根据实际需要对档案建设实行统一规划。传统模式比较僵化，要充分运用多媒体技术，结合互联网，将档案资料传到计算机，形成数据库，以保证档案管理的时效性。

高校作为培养高素质人才的基地，在档案数字化建设中也不能只是在校内进行规划与建设，还要实现与各个高校的联动性，加强各大高校在信息上的交流与合作，将数据汇总，实现校、院（系）档案联网和档案资源共享。当然，更不能忽视数字档案的保密意识，严防外来黑客入侵，加强高校档案网络系统的实时监控，使档案管理系统在安全的环境中带来共享、高效和便捷。

Unit Six

第六章

档案信息安全保障的体系建设

随着信息网络技术的广泛应用，黑客入侵、信息失密、病毒泛滥、系统瘫痪等现象屡见不鲜，信息安全问题日益突出，成为世界各国面临的共同挑战。由于我国生产和使用的硬件、软件等产品大多建立在国外核心技术之上，安全形势十分严峻。为此，信息化建设与保障国家信息安全并重，成为我国信息化发展的基本原则。在中共中央办公厅、国务院办公厅2006年5月印发的《2006—2020年国家信息化发展战略》中，建设国家信息安全保障体系被确立为全国信息化发展的战略重点之一。

作为国家宝贵财富和重要战略资源的档案，具有一定的保密性，只有建立在安全的基础之上，才能使其价值得到真正的体现。在信息化过程中建立档案信息安全保障体系，确保档案信息的安全，具有特别重要的意义。档案信息的安全保障能力已经成为检验档案信息利用的服务能力，是提升档案事业建设水平的一项重要指标。

一、档案信息安全的含义

（一）信息安全

信息安全概念等同于计算机信息系统的安全概念。国际标准化组织（ISO）曾将计算机信息系统安全定义为："为数据处理系统建立和采取的技术和管理的安全保护，保护计算机硬件、软件和数据不因偶然和恶意的原因而遭到破坏、更改和泄露。"《中华人民共和国计算机信息系统安全保护条例》则规定："计算机信息系统的安全保护，应当保障计算机及其相关的和配套的设备设施（含网络）的安全，运行环境的安全，保障信息的安全，保障计算机功能的正常发挥，以维护计算机信息系统的安全运行。

可见，信息安全在逻辑上包含信息系统安全和系统中的数据安全两个递进的层次，其中信息系统安全是数据安全的前提，数据安全是信息系统安全的目的。由于信息系统是由硬件、软件和数据组成的动态系统，因此，信息安全从静态构成上可以分解为硬件安全、软件安全和数据安全，从动态过程上可以分解为实体安全、运行安全、通信安全、存储安全等。而从实现方式出发，信息安全又可划分为管理安全和技术安全两大手段。

信息安全概念随计算机技术的发展而动态变化，一方面安全手段在与安全威胁的不断对抗中发展延伸，另一方面社会活动对信息防护的要求也不断提高。目前信息安全已从安全保护发展到信息保障阶段，从单一的被动保护向全面并动态的防护检测、响应、恢复等整体防御方向发展。20 世纪80年代后，基于网络的信息安全保障，除了要求保证信息的保密性、完整性和可用性以外，还要求保证信息的可控性、抗抵赖性等。

（二）档案信息安全

档案信息安全的目标在于实现档案信息及其管理系统的安全，因此，必须与安全威胁和安全技术的发展相同步，上升到全面的、主动的档案信息安全保障层面。档案信息安全的概念应定义为：构建动态的档案信息安全保障体系，确保档案信息的真实性、完整性、保密性、可用性、可控性和抗抵赖性。

档案信息的保密性，是指确保涉密档案在存储和利用过程中只为合理授权的用户所利用，而不泄密给非授权的用户，档案信息的可控性，又称可核查性或可审计性，是指档案始终处于受控状态，对其流转过程进行严格的前端控制和过程追踪，以确保访问档案信息的主体、内容、方式和过程的合理性系统需要能够控制谁能够访问系统或网络上的数据，以及如何访问，即是否可以修改数据还是只能读取数据，系统还要将用户的所有网络活动记录在案，为系统进行事故原因查询定位事故发生前的预测报警以及为事故发生后的实时处理提供详细可靠的依据或支持。

档案信息的抗抵赖性，又称不可否认性，是指在档案信息的流转过程中，确保参与者的身份及其交互行为的真实性和不可否认性，所有参与信息流转过程的人员均无法隐匿或抵赖曾经发送的档案信息或曾经接收过的档案信息，从而使档案信息的发送和利用行为具有可信度。

二、档案信息安全涉及的要素

就具体对象而言，档案信息安全涉及硬件、软件、档案数据、人员、物理环境、人文环境等要素。

（一）硬件

硬件是信息系统的物质基础，硬件设施在运行过程中不可避免地存在物理性能的涨落和损耗，因而发生故障在所难免。统计显示，硬件故障目前仍是触发系统故障最主要的因素。

（二）软件

软件是信息系统的灵魂，系统运行的各个层面都需要相应软件的支持。软件系统极其庞大，从硬件主版中的微程序、操作系统到应用软件系统任何层面软件的错误都可能导致整个系统的瘫痪。由于软件是人们编程设计的结果，绝对完善、可靠的软件并不存在，特定情况下，每个软件都可能存在意想不到的缺陷，因此，提高软件的安全可靠性，通过各种手段防止可能存在的软件“漏洞”，是档案信息安全防护的一项重要内容。

（三）档案数据

档案数据是档案的价值所在，因而也最易遭受安全威胁。软硬件的正常运行并不等于档案数据的安全，系统的安全运行仅仅保护了系统服务的可用性，即提供了档案数据存储、处理和传输的必要条件，至于能否保证合法用户以授权形式操作信息，确保档案数据的安全可靠，则是档案信息安全维护的又一重要方面，这方面需要更多地借助于管理等其他手段来实现。

（四）人员

系统运行所涉及或可能面对的人员也是档案信息安全维护必须考虑的对象。人们在重视系统软、硬件安全的同时往往忽视了人在保护信息安全中的重要作用。

（五）物理环境

信息系统在一定的物理环境中运行，这一时空环境的状况，如电磁干扰、光辐射、大气污染、温湿度、防盗体系等对档案数据和档案信息系统的安全运行产生影响，因此，成为档案信息安全的关注对象。

（六）人文环境

人文环境包括组织管理环境、法制标准环境、观念意识环境等。档案信息安全的人文环境是构建档案信息安全保障体系的“保障”，良好的人文环境对档案信息安全具有积极的促进作用，反之则起到阻碍、破坏作用。

三、档案信息安全的基本策略

（一）构筑立体化的安全保障体系

档案信息系统的复杂性、开放性及其面临威胁的多面性，决定了其安全防护是项整体性、综合性的系统工程，必须尽量使用各种安全保护措施。“系统的安全是信息的安全，应该用系统论的眼光来看待计算机系统的安全问题，从计算机系统的每个元素出发，全面、认真、细致地考察安全问题，提出系统化的解决方法。”

根据管理学的“木桶原理”，档案信息的安全水平将由档案信息安全所有环节中最薄弱的环节决定。在安全体系中，任何一个环节出现漏洞，都可能导致整个安全体系的崩溃，带来灾难性的后果。

（二）技术与管理并重

技术与管理是档案信息安全综合防护的基本手段。一段时间内，档案信息安全曾被视为单纯的技术问题，归于技术部门单独处理，网络环境下“防火墙决定一切”的观点曾经十分流行。而实际上，档案信息安全保障体系是由档案信息安全法规标准、安全管理体系和安全技术三部分组成的。安全技术及安全产品的应用只是档案信息安全的内容之一，而安全风险的评估、安全策略的确立、安全制度的制订、安全措施的组织实施等管理性内容，同样是档案信息安全保障体系构建的重要内容。档案信息安全必须技术和管理并重，从系统设计、人员管理、制度规范、技术手段等各个方面进行综合保障。

高校设备档案安全保障体系的基本内容（如图）：

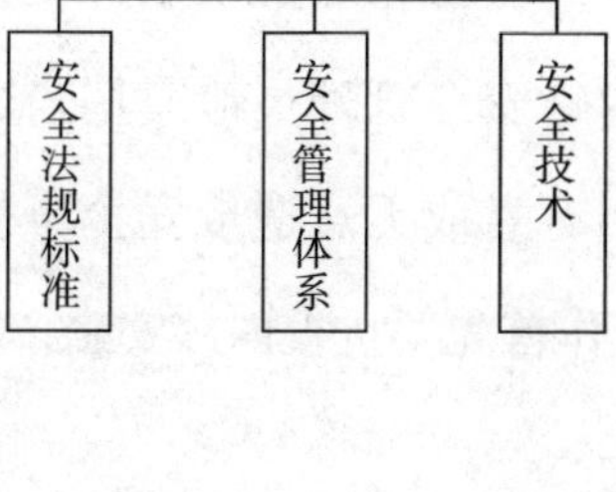

（三）主动防御

在档案信息保护的初期阶段，对产生的档案信息主要采取杀毒、载体保护等被动保护措施。随着安全威胁类型的扩大和程度的不断加深，档案信息安全的“事先控制”越来越重要。只有事前分析各种安全风险，采取全面防范、主动防御的办法建立起预警、保护检测、反应恢复的闭环反馈，主动发现和及时消除安全隐患，才能有效保障档案信息的安全，将各种安全危险“拒之门外”。主动防御的目的和意义在于提前防范和化解各种风险。因此，对安全体系的建立必须从风险分析出发，及时预测和适应环境与技术的变化，并随环境与技术的变化主动采取各种防御措施，构建起整体的、动态的信息安全防御体系。

（四）分级防护

安全体系的构建需要相当的经费投入，并且往往以牺牲运行性能为代价。例如，在信息网络的内外之间加筑防火墙，安全性能要求越高价格就越贵，对内外信息流的滞延就越大。因此，对档案信息安全性能的要求不是无限度的，必须以风险系数为依据，确定适宜的安全等级，设计相应的安全体系。

（五）重视内部安全

高校档案信息的安全不能仅仅重点置于系统外部，也绝不能忽视内部人员的安全。根据调查显示，在已有的安全事件中70%来自网络内部，有的是内部人员泄露网络结构、安全管理员泄露用户名和口令等，内部管理人员与系统接触最多，他们有意或无意造成安全事故的概率最大，因此，做好档案的信息安全防御工作首先要重视内部安全，加强内部管理十分关键。

四、高校档案信息化面临的安全问题

（一）互联网安全态势严峻

近年来，我国重视网络安全的法规建设，《数据安全法》《个人信息保护法》《密码法》等法律法规相继出台，法律制度体系日趋完善，网络威胁治理成效显著，网络安全环境有所改善，但面临的形势依旧严峻。根据国家互联网应急中心（CNCERT）发布的《2020年我国互联网网络安全态势综述》，2020年该中心协调处置网络安全事件约10.3万起，虽然植入后门网站、篡改网站、Dos攻击、僵尸网络控制等事件次数同比有所减少，但网络形势依旧严峻，个人信息和重要数据泄露的危险更加严重。

（二）业务承载平台的安全隐患

目前，高校档案系统的业务承载平台主要是Windows系统和Linux系统，这两大系统都存在着不同的系统漏洞。虽然厂商都会定期发布系统安全漏洞补丁，但是仍有不少漏洞尚未被发现。腾讯安全对外发布的《2018年Windows平台漏洞年度报告》（以下简称《报告》）中指出，在过去二十几年中，Windows操作系统的漏洞提交数量呈逐年上涨趋势并呈现爆发性增长态势。《报告》显示，相比过去三年，2018年的安全漏洞提交数量同比上升超过40%，安全漏洞的数量和严重性都创下历史新高。微软2018年为Windows、IE、Office等产品共发布了874个补丁，修复了728个漏洞，每月修复60余个漏洞。在所有的漏洞中，系统组件漏洞占到了总漏洞数量的35%，浏览器漏洞占总漏洞数量的25%，Office漏洞占比17%。

（三）业务系统自身存在的安全隐患

目前，市面上档案信息系统种类繁多，开发上线这些系统的厂商和时间也不相同，有些业务系统开发时间久远，所运用的技术和架构已明显落后。在互联网技术不断革新的同时，这些老旧的架构和技术不断地暴露出安全漏洞和隐患，通过漏洞和隐患发起的攻击，直接威胁到档案管理系统的安全。除架构和技术因素外，系统开发人员的业务水平也会产生一定的影响。厂商的开发人员根据客户的业务需求，利用计算机编程语言开发相应的系统功能，但开发人员的编程水平和设计能力水平差距较大，受这些因素影响，任何系统难免会存在这样或那样的编程漏洞及设计缺陷。

（四）系统运维专业人才紧缺

由于档案馆普遍存在引进并留住专业人才困难的状况，特别在计算机领域更为突出。仅仅依靠现有人员、水平不能及时全面发现、分析、处理信息化建设过程中出现的问题，尤其是业务系统本身的编程缺陷，致使档案系统运维的网络环境如服务器的安全策略、防火墙的策略、业务系统代码漏洞等方面存在一定的隐患。

五、档案信息安全保障体系的构建

档案信息安全保障体系应从档案信息安全法制建设、档案信息安全管理体系建设和档案信息安全技术手段三个方面进行。

（一）档案信息安全的法制建设

信息安全需要强有力的法律法规和标准规范的支持，建立档案信息安全法规体系，加强档案信息安全的行政执法是有效实施安全技术手段和安全管理策略，保障档案信息安全的前提。

1. 涉及安全问题的档案法规建设

《中华人民共和国档案法》是我国档案法规的基石，在《档案法》及其实施办法的基础上，近年来我国档案界陆续制定出一些关于或涉及档案信息安全的规章、标准和规范性文件。如，国家档案局2002年颁发的《全国档案信息化建设实施纲要》和国家标准的《电子文件归档与管理规范》中均有针对档案信息安全的具体规定。很多地方和单位也颁发了档案信息安全保管方面的规章制度，如，江苏省档案局2005年3月颁发了《江苏省档案信息化建设保密管理办法》。

2. 涵盖档案管理的信息安全法规建设

由于我国档案信息化建设尚处于发展初期，专门针对档案信息安全而制订的法规较少，档案信息安全法现有体系的主要内容仍由涵盖或涉及档案信息安全的信息安全法规构成。这些综合性的信息安全法规为档案信息安全提供了基本的法律规范。我国自20世纪90年代初起开始重视信息安全的法规建设。1997年3月修订的新刑法中开始加入了信息安全方面的内容。刑法第二百八十五条规定：“违反国家规定，侵入国家事务国防建设、尖端科学技术领域的计算机信息系统的处三年以下有期徒刑或者拘役。”第二百八十六条规定：“违反国家规定，对计算机信息系统功能进行删除、修改、增加干扰，造成计算机信息系统不能正常运行，后果严重的，处五年以下有期徒刑或者拘役：后果特别严重的，处五年以上有期徒刑。违反国家规定，对计算机信息系统中存储、处理或者传输的数据和应用程序进行删除、修改、增加的操作，后果严重的，依照前款的规定处罚。故意制作传播计算机病毒等破坏性程序，影响计算机系统正常运行，后果严重的，依照第一款的规定处罚。”第二百八十七条规定：“利用计算机实施金融诈骗盗窃贪污、挪用公款、窃取国家秘密或者其他犯罪的，依照本法有关规定定罪处罚。”这些条文从惩戒计算机犯罪的角度来保障网络系统的安全。作为国家最重要的法律之一，刑法条款对计算机犯罪具有相当的威慑力。

在行政法规与规章方面，上自国务院、下到各级地方政府陆续制订了一系列信息安全规范。其中，由国务院直接颁发的、具有指导性质的行政法规是《中华人民共和国计算机信息系统安全保护条例》（1994年2月）和《中华人民共和国计算机信息网络国际联网管理暂行规定》（1996年2月）。国务院信息化工作领导小组按照国务院要求进一步制定了《中华人民共和国计算机信息网络国际联网管理暂行规定实施办法》（1998年2月）。

（二）档案信息安全的管理体系建设

档案信息安全是一项基于技术的管理工程。从管理层面上讲，要确保档案信息的安全，必须在风险分析的基础上确立档案信息安全的策略、方针和目标，成立相应的管理机构，确立合理的管理机制，制定安全管理计划，分解安全管理职责，执行安全管理制度和管理标准，建立并实施完善的档案信息安全体系。档案信息安全管理体系的建立可以参照国际和国家标准，这些标准在管理策略、环境控制、组织结构、人员责任规范、操作程序及技术手段上都提出了一系列指导性规范。

（三）档案信息安全的技术手段

目前，档案信息安全在技术方面主要采用信息加密技术、信息确认技术、访问控制技术、病毒防治技术、审计技术、防写技术、备份复制技术等。在高校设备档案管理中，还要根据当前技术的不断发展，技术更新安全技术手段，否则就会存在隐患。

六、高校信息化安全工作中的注意事项

（一）档案管理系统的选择

目前，市面上档案管理软件名目繁多，软件开发服务商服务质量的好坏，将直接影响档案管理软件的安全性。受开发人员编程水平和设计能力的影响，系统漏洞在所难免，软件公司的技术实力、研发成本的投入、用户数量、售后维护质量直接决定其漏洞的大小。通过各高校用户在系统运行中的漏洞反馈及信息安全等级保护评估报告，软件公司不断对系统进行完善升级，将系统风险控制在可控范围内。所以系统选择时，用户量多、可靠性强、售后完善的软件开发公司可降低系统安全风险。

（二）充分利用学校云计算平台

各高校逐渐搭建了云计算平台，档案业务系统可依托其虚拟化平台进

行建设。依托学校力量，更易实现硬件防火墙、入侵检测防御系统、服务器的部署及性能提升，且其网络环境、物理环境、备份和管理策略等更加完备、规范，从而减少运维人员的维护成本。

（三）在允许的范围内实行运维外包

随着档案信息化建设的深入，各高校档案馆对网络平台和应用平台所提供的服务必然提出更高要求，这就要求管理人员从技术细节中脱身出来，更好地关注系统平台管理、规划及对业务的支撑等关键业务。采用运维外包的形式，可通过服务商先进的服务管理理念、专业的服务技术、全面的服务内容为档案馆提供管理技术支撑。而在运维服务商中，首选业务系统的软件服务商，软件服务商通过其团队可针对策略配置、系统升级乃至应急响应制定一系列专业的服务。

七、高校档案信息化安全体系建设的发展趋势

深入推进高校档案安全体系建设，筑牢高校档案的安全防线，必须加强档案信息化管理，加快档案安全设施设备配备和更新，完善档案库房内控制度，重点建立健全档案库房日常管理、档案流动过程中安全管理等制度和应急预案，推进档案安全风险评估、隐患排查治理和应急处置演练常态化。

必须强化档案安全保护工作，完善档案安全管理责任制度，健全档案

相关保密审查机制，组织开展经常性档案安全保密教育。完善区域性国家重点档案保护中心运行机制和评估标准，发挥其在档案保护技术中的研究应用、档案保护修复人才培养储备方面的引领辐射作用；必须建立档案服务外包安全工作监管机制，着力对安全风险较高的寄存托管、数字化、信息系统建设等重点领域实施监管。

必须提升档案数字资源安全管理能力，提升档案信息化基础设施设备安全水平，实现系统和信息可管可控。加强对档案信息化软硬件产品适用性验证，引导信息技术在档案管理领域的安全应用。健全档案网络、档案信息系统和档案数字资源安全保密防护体系。完善档案行业网络与信息安全信息通报机制，提升行业网络安全监测预警和应急处置能力。扎实做好档案数字资源备份工作，完善备份机制，实现馆（室）藏全部档案数字资源完整备份，重要电子档案异地异质备份，积极探索备份新途径，加强备份工作全过程安全监控，切实保障档案数字资源安全。

Unit Seven

第七章

档案信息化人才建设

信息化人才是推动档案信息化发展的动力，是档案信息化建设最宝贵的资源。重视档案信息化人才的培养，提高档案从业者的信息素养和信息技能，是档案信息化建设的迫切任务。

一、档案信息化人才现状

人才资源始终是我国信息化建设的瓶颈。2002年国家信息化测评中心的调研报告显示，当时我国的信息化指数为38.46，而信息化人才资源指数仅为13.43，信息化人才的压力较大。党的十八大以来，档案界人才队伍建设有了长足进步，从业者的总体素质迅速提升，尤其是“十三五”时期，我国档案事业取得了长足发展。档案工作服务中心大局精准有力，在档案人才队伍建设方面取得了很大进步，人才培养力度持续加大，档案专业人员继续教育工作更加系统，职称评定工作更加科学，首批106名全国档案专家发挥作用明显，一批先进集体和先进工作者受到表彰。但由于受原有基础、总体环境、财政状况和工作条件等的限制，与其他行业相比，档案信息化人才依然紧缺，信息化素养总体偏低，人才形势比较严峻。

（一）信息化素养总体偏低

档案信息化建设不是一项局部性的技术工程，它是从档案职业目标和社会需求出发，利用现代信息技术对档案管理模式的改革创新，是涉及所有环节的系统工程，其成败受制于全体档案人员的信息化素养，即档案从业者的信息化意识、信息化知识和信息化技能等。

调研显示，目前档案职业队伍的信息化素养远不能适应档案信息化发展的需要。尽管从业者或多或少地经过了档案信息化方面的培训，档案信息化意识已大大加强。但由于缺乏系统的专业教育和专业技能训练，在技术基础和操作技能方面十分欠缺。

（二）技术型人才严重不足

信息化建设是信息技术手段在档案管理领域的应用，因此，需要有计算机专业背景的技术人才参与。调研发现，技术人才的短缺已成为档案信息化建设的瓶颈。目前，档案从业者中具有信息技术专业背景人员的比例还不到50%。从调查结果上看，经济发达的城市高校中专业技术人员占比要高于经济落后的城市高校，本科高校要高于高职院校，具有档案管理专业的人才占比较少，很多地市的高校甚至没有信息技术专业人员或档案专业人员。因为缺乏自己的技术人才，很多高校在开展与技术有关的信息化工程时不可避免地使用外包策略，在方案论证和工程设计过程中被边缘化，对工程的进度和效果缺乏必要的技术监控，其结果是受制于人，影响到信息化的整体效果。

（三）“中间性”人才缺失

对信息化项目失败案例的分析表明，导致失败的原因通常是信息技术与应用需求之间的脱节，而这种系统设计上的脱节往往是由管理方不熟悉技术，技术方不了解管理，技术系统和业务应用不能有效融合所造成的。因此，信息技术与档案管理业务能否有效结合，决定着档案信息化工程的成败。那些既熟悉档案管理业务，又精通信息技术应用的“双料人才”成为档案信息化建设的“枢纽”。

目前，高校专职从事信息化工作的人员大致分两种：一种是具有档案专业背景的档案人员，通过多年的工作实践和自学而成为了解一些信息技术的管理型人才；另一种是信息技术类专业毕业，通过培训和工作接触而了解档案专业知识的技术型人才。一般情况下，上述两类人才加上分管领导，构成高校档案馆、信息化工作的基本力量。这种人才结构的问题在于这些“半路出家”的管理型人才由于受知识基础的限制，要做到精通并能够正确应用日新月异的信息技术绝非易事；而技术型人才由于受到人才市场的冲击，往往不能潜心于档案工作。因此，在档案信息化建设中，最缺乏的是那种处于档案专业和计算机专业的中间地带，精通计算机的同时又非常了解档案专业，在档案信息化工程规划、系统分析、功能设计和技术实现中能够起到“主导”“沟通”作用的双料人。

（四）人才引入、激励政策有待完善

由于受发展空间和经济条件的限制，档案部门尤其是基层经济条件有限的高职院校存在着高素质技术人才引不来、留不住的问题。信息技术专业的毕业生很少将档案部门作为首选单位。尽管各高校档案专业近年来针对档案信息化建设的需要培养了一大批管理与技术“双料型”人才，但这些“定制”的档案信息化人才毕业后选择档案职业的并不多。一些目前在档案工作岗位上的专业人才也“见异思迁”，心存离念。“事实上，恰是现代技术的掌握为他们跳出档案馆，另谋高就创造了条件。”

因此，在对专业人才的引人、激励政策上，档案系统还存在很大不足，需要积极调整，采取有效措施来确保档案信息化建设对专业人才的需要。

二、档案信息化人才结构分析

档案专业人才需求不仅体现在数量上，而且体现在人才结构及素质上。不同工作性质的工作对象和工作内容需要不同类型、各个层次的专业人才。分析档案信息化建设人才需求的类型、层次及其知识结构，是进行档案信息化人才规划，制定科学人才发展战略的基础。档案信息化人才的结构包括类型结构、层次结构和知识结构等方面。

（一）人才类型

就类型而言，档案信息化人才分为管理型人才、技术型人才、技能型

人才和研究型人才四种。

1. 管理型人才

管理型人才是档案信息化项目的组织推动、战略规划、工程策划和标准制定者，也是档案信息化工程设计的主要参与者，包括档案局、馆中分管信息化工作的领导技术负责人、信息化部门主管、项目责任人、信息系统分析人员等。档案信息化建设是一项由总到分、由远而近、由管理到技术的系统工程，其组织策划者必须高屋建瓴，科学确立发展思路，务实设定建设目标，正确设计工程规划，合理制定运行机制，并有效开展管理协调工作。

档案信息化管理型人才具有不同的层次，不同层次管理型人才的职能与工作内容不同，对其知识结构和专业水平的要求也有差别。但无论哪一层面的管理型人才，都要求了解国内外档案信息化建设的现状，熟悉档案信息化建设的内容和要求，做到既精通档案管理业务，又熟悉信息技术应用。在管理方面，具有良好的档案学理论基础，通过实践熟悉档案管理业务的各个环节，了解档案工作的实际要求和趋势；在技术方面，除具有计算机软、硬件基础知识和基本操作技能外，根据工作需要还要对信息网络技术、数据库技术、程序设计知识和多媒体技术有一定程度的认知，了解技术发展动态。高层管理型人才由于具有较大的决策权，还需具备较高的政策水平和组织能力，了解社会信息化发展的宏观背景，了解国家的信息化政策法规和战略。

目前，由于受专业背景的限制，大多数档案信息化建设的管理者，尤其是高层决策性管理者普遍存在“管理强，技术弱，管理与技术相脱节”的知识结构，这已成为档案信息化顺利发展的一大障碍。

2. 技术型人才

技术型人才是档案信息化项目的工程设计、系统分析和技术实现者。档案信息化建设是一项知识密集、技术精深的信息工程，其建设目标的设计和实现重点在现代信息技术之上。技术型人才通过应用各种信息技术来设计、开发和维护档案信息系统，构造文档一体化的办公管理环境，建设管理电子文件中心和数字档案馆，实现档案信息化的既定目标。

档案信息化技术型人才必须具有信息技术专业背景，具备较为深厚的信息技术功底，精通并能熟练应用信息技术某一领域的知识和技能，并具有档案管理基础知识，了解文件档案管理的信息流程。档案信息化技术型人才同样具有不同层次和不同方向，如何进一步细分为系统的设计、开发人才和系统的支持、维护人才；侧重于硬件的人才与侧重于软件的人才；通信网络专家、信息系统专家、软件编程人员等。根据调查，目前高校档案馆还未能配备上专业技术型人才。

3. 技能型人才

技能型人才是档案信息化工程中具体承担日常操作和管理维护的人才。随着档案信息化工程的展开，高校档案馆、办公室的办公自动化及文档一体化程度进一步提高，电子文件的运转、归档和档案信息的管理、利用都将在网络环境中进行，馆藏档案的数字化也成为档案机构的日常工作。因此，能够熟练使用、维护文件档案管理系统，胜任文档存储、编辑、检索、利用等工作的操作性人才，乃是档案信息化建设的基础力量。

档案信息化技能型人才必须具有档案管理专业知识和信息技术基础，掌握特定岗位所需的知识和技能，如网页制作与网站维护技术、网络管理与存储技术、档案数字化技术等。

4. 研究型人才

研究型人才是档案研究机构、高等院校和档案管理部门中从事档案信息化建设理论和应用技术研究的高端人才。档案信息化建设面临一系列的理论、技术难题，诸如高校设备档案电子文件的原真性与法律价值问题、数字设备档案的长久保管与迁移策略问题、档案数字化规范与标准问题等。档案信息化研究型人才需要在实践的基础上构建档案信息化建设的理论，研究新技术、新方法在档案领域的应用，提出电子文件和数字档案管理的标准建议，从理论与技术上指导档案信息化建设的开展。

在档案信息化建设过程中，上述四类人才相互合作，互为基础，共同担当起档案信息化建设的重任。其中，研究型人才起着咨询、指导的作用，管理型人才起着主导与核心的作用，技术型人才是信息化建设的主体，而技能型人才则是信息化建设的基础力量。

（二）人才层次

档案信息化是一项由总体战略到局部规划，由宏观建设到微观实施的综合性、长期性工程。宏观上，需要由上到下、由总到分地进行总体设计和整体部署，需要通过组织手段来优化资源配置，共享标准规范，建设起高校档案资源共享网络；微观上，各部门需要通过方方面面的工程项目来实现档案信息化的预定目标。因此，档案信息化人才可根据工作层次的不同和工作内容的不同粗略划分为宏观层次人才和微观层次人才两大类。

宏观层次人才是高校范围内档案信息化战略的确立、档案信息化政策、标准与规范的制定者，以及档案信息化规划的制定、组织、管理与监控者。宏观层次的人才以管理型为主，要有较高的专业素养和学历层次，最好是业务与技术并重的复合型人才，并有较高的政策水平和组织管理能力，能够洞察信息技术发展趋势，统揽档案信息化发展全局。

档案信息化微观层次人才是具体实施各项信息化工程的专业技术人员和管理人员，包括文件档案系统的功能分析与系统集成人才硬件、软件设计人才、文件档案系统的运行维护人才、项目管理人才等。档案信息化微观层次人才是档案信息化工程的基础力量，其专业性较强，技能性较高，需要具有与其从事工作相对应的专业技术背景。

（三）人才群体知识结构

作为一个整体，档案信息化人才队伍应当由多学科知识背景的各类专业人才综合构成。这些人才主要来源于大专院校的档案学、计算机技术信息类或管理类专业，或者接受过相关专业的认证培训，取得了诸如系统分析师、软件工程师等资格。就群体知识结构而言，无论哪一层面的档案信息化建设，至少需要具备以下方面的专业知识：

1. 档案业务知识，包括文件工作与电子文件管理、档案学理论与档案管理业务、文件保护与信息安全知识等，特别是档案信息化和数字档案管理方面的知识和技能。

2. 信息技术知识，包括硬件技术、软件编程技术、系统分析与系统集成技术、通信网络技术、多媒体技术等知识和技能。

3. 工程管理知识，包括工程项目决策与管理的基本理论、方法，工程项目建设的方针、政策和法规，工程技术知识等。

4. 行政管理知识，包括行政学理论和行政管理、行政法规、行政体系与公务员制度政治学和领导科学等方面的知识与技能。

三、档案信息化人才建设的若干建议

针对档案信息化人才建设的现状与要求，根据档案信息化发展的实际需求，信息化人才建设应从以下几点出发。

（一）树立正确的档案人才观

档案信息化人才建设首先要树立大人才观。人才，就广义而言，是所有具有专门知识和专业技能，在各种社会实践活动中能够以其创造性的劳动为社会做出贡献的人。尽管在具体管理中对人才可能有不同的评判标准，但人才建设必须立足于“人人皆才”“人人皆可成才”的大人才观，这样，人才政策才可能具有广泛的覆盖面，人才资源才不至于成为无源之水，人才管理才可能取得人尽其才、才尽其用的效果。

人才建设必须树立整体观念。在档案信息化人才的培育、选择、使用、评价时，要坚持德才兼备；在制定人才规划时，一方面要从群体结构出发，注重发挥人才队伍的整体优势，另一方面，要从社会人才政策与人才环境出发，注重内部人才资源与外部人才环境之间的互动关系，整体设计人才规划，系统配置人才资源。

人才建设必须树立动态观念。人才需求不断变化，人才标准不断发展，人才个体也在不断进步，因此，档案信息化人才建设是一个渐进的过程，人才培育制度和人才管理政策必须与时俱进、适时调整，以适应人才状况的变化和信息化建设发展的需要。

（二）依托高等院校培养档案信息化的高级人才

高等院校是档案信息化专业人才的培养基地，具有较强的师资力量较高的科研水平和完备的教学设施。目前，全国有档案学专业的高等院校并不多，根据专业人才的需求，这些院校现有的教学规模仍不能满足档案信息化人才发展的需要。因此，必须进一步适当地扩大招生计划，积极发展成人学历教育，尽早实现一级学科范围内的宽口径教学，并尝试推进网络远程教育。同时，高等院校要根据档案信息化建设的需要调整人才培养目标，加大课程改革力度，在教学计划中增加信息技术和信息化课程的比重，档案研究生教育中要增设档案信息化研究方向。通过专业方向上的变化和课程体系改革，使高等院校的档案学专业真正成为档案信息化高端研究型人才、宏观层次人才、管理型人才和技术型人才的摇篮。

（三）建立起制度化、多元化的档案信息化继续教育体系

继续教育是档案从业人员不断调整知识结构，适应信息化建设要求的重要手段。为高效利用数字化档案信息，事业单位还要关注对数字化档案建设相关工作人员加强继续教育，使其不断增强服务意识和专业能力。面对档案信息化建设的紧迫形势，大部分在职人员很少有时间和机会到高校进行系统学习，大多采取专题讲座、校外短期培训、现场研讨等继续教育方式，具有时间短、效率高、内容专一、形式灵活的特点，因而成为在职档案人员学习新知识、新技术，掌握新技能、新方法，探讨新情况、新问题，及时提高信息素养，培养信息技能的有效途径。

继续教育必须制度化、全员化。所有在职人员都要定期参加各种类型的继续教育，并将参加继续教育的情况列入考绩、评审的范围。《全国档案信息化建设实施纲要》中明确提出，要“坚持各级档案部门领导干部进修制度，档案业务人员参加档案信息化等知识培训的时间应多于20课时”。这些制度的贯彻落实将有力推进档案信息化人才的培养。

继续教育必须多元化、规范化。一方面要因材施教，充分利用各种教学资源灵活、多样地开展各种形式、各个层次的档案信息化继续教育；另一方面要严格审批和监管开展档案信息化继续教育的机构，杜绝不满足条件的机构获得办学资格；统一档案信息化继续教育的内容体系、教学材料及实验环境，制定规范统一的分级、分类考评体系，建立学、考结合的专业考核制度。

（四）完善从业资格制度，全面开展上岗前档案信息化培训

信息化素养已成为所有档案从业者必须具备的基本素养。为提高档案职业队伍的总体素质，保证所有从业人员胜任所从事的档案工作，应逐步实施档案从业资格制度，对拟从事档案职业的人员进行岗前培训和上岗资格考试，取得从业资格证书后方能从事相应的工作。

其中，档案信息化基础知识和基本技能应作为培训考核的基本内容之一。从业资格制度的实施，不仅提高了档案干部的信息化整体水平，而且可杜绝用人上的随意性，起到稳定专业队伍，避免人力资源浪费的作用。

岗前培训的基本内容应包括计算机基础、网络基础、文字处理、数据处理、电子邮件使用、电子文档管理等基础知识与技能。上岗资格考试应该具有权威性，考核范围与考核要求必须规范化，考核过程必须严格，考核结果及证书颁发必须公开透明。

（五）构建档案信息化研讨、交流的平台

研讨和交流是人才培养的基本手段。档案部门要积极营造档案信息化专题研讨和经验交流的氛围，为档案从业者创建研讨与交流的平台。研讨和交流的形式可不拘一格，如专题会议，网络研讨、现场观摩、联合研

究、访问交流等。通过开展各种形式的定期或不定期的研讨或交流，可推广经验，解决问题，统一认识，起到提高档案职业队伍的信息化素养，培育档案信息化人才的作用。

（六）实施合理的档案信息化人才政策

人才政策对人才的培养、使用和流动具有重要影响。档案信息化人才政策包括人才引入政策、人才使用政策和人才激励政策等。

在档案信息化人才的引入方面，要建立有利于人才引进的软、硬件环境，制定一系列切实可行的人才吸纳政策，采取灵活、多样的人才引进招聘办法，增强人才引进的动力。

在档案信息化人才的使用方面，要实行科学的人才考评政策，建立起规范、合理的人才评价体系和人才选拔机制，切实改变重学历、职称，轻能力、业绩，重人才使用，轻人才投入的传统观念，实行评聘分开，强化职务聘任制度，让相应的人才处于相应的职务岗位，获得相应的待遇，营造发挥人才潜能的良好氛围。要制定合理的人才流动政策，推动人才资源的有序流动和科学配置。

在档案信息化人才的激励方面，要坚持精神奖励与物质奖励相结合、短期激励与中长期激励相结合、激励和约束相结合的原则，推行协调、统一的多元奖惩制度，完善突出贡献人员重奖政策，建立起适合本行业、本单位情况的绩效考评和薪酬分配机制，积极营造档案信息化人才的合理竞争和“自激励”氛围。

Unit Eight

第八章

档案信息化法律法规建设

档案信息化法规是国家为推动档案信息化工作而制定的法律、法规、规章与规范性文件，是国家对档案信息化活动进行管理的重要手段，体现着国家档案信息化发展的战略与政策。

一、档案信息化法规的体系结构

（一）档案信息化法规由专门性法规和综合性法规两部分组成

约束档案信息化活动的法规，可根据其立法的针对性分为专门制约档案信息化活动的法规和非专门制约档案信息化活动的综合性法规。

所有作用范围包含档案信息化活动在内的一切法规、政策，如有关国家或地方信息化发展的法规政策、有关档案管理的综合性规范等，对档案信息化活动均具有直接或间接的约束作用，因此，广义而言，均属于档案信息化法规体系的有机组成部分。

但是这些作用面较广、内容比较宏观的综合性法规，由于并不是针对档案信息化活动专门制定的，规约的内容往往不很具体，专指度不够，在档案信息化领域的可操作性不强，个别法规甚至不符合档案信息化建设的实际需要。因此，适时补充、完善这些综合性法规，修正其中与档案信息化发展不相适应的内容，是档案信息化法规体系建设的重要任务。在这些综合性法规的基础之上制定出专门约束档案信息化活动的法规，建立起全面、具体的档案信息化标准规范体系，是档案信息化法规建设的中心内容。

档案信息化法规包括法律、法规、规章和规范性文件等层次所有制约档案信息化活动的法规，根据其法律效力可分为法律、行政法规、政府规章和规范性文件四大类，它们相互联系、相互协调，组成有机整体。

1. 档案信息化法律

法律是全国人民代表大会或其常务委员会根据宪法或依职权制定的法规性文件，它们是档案信息化法规体系中的最高层次，对所有相关法规、规章和规范性文件的制定与实施起着约束指导作用。由于档案信息化活动相对微观，且比较专业，就档案信息化制定出专门法律的可能性不大，因此，对档案信息化活动法律层面的规范要基于现有的信息法和档案法。

目前，我国已经发布的有关信息活动与档案管理的单行法律有《中华人民共和国档案法》《中华人民共和国著作权法》《中华人民共和国电子签名法》《中华人民共和国保守国家秘密法》《全国人大常委会关于维护互联网安全的决定》《中华人民共和国专利法》《中华人民共和国邮政法》等。拟订中的单行法律有《中华人民共和国电信法》《中华人民共和国个人信息保护法》等。除单行法外，在我国宪法、刑法、民法、行政处罚法、企业法、会计法、统计法、破产法、公司法、广告法等法律中均有关于信息活动与档案管理方面的法律条款。

2. 档案信息化行政法规

行政法规是由国务院经严格规定的立法程序制定的各类法规，或由国务院主管部门制定并以国务院名义发布或经批准发布的规范性文件，它们是法规体系的一个重要层面，法律效力仅次于国家法律。

目前，我国信息化和档案管理方面的行政法规有50余件，包括国务院颁发的《中华人民共和国档案法实施办法》《互联网信息服务管理办法》《中华人民共和国电信条例》等，内容涉及档案管理、科技情报系统安全、邮电通信、知识产权、网络建设信息利用、软件开发等方面。同样由于档案信息化活动比较微观、具体，目前尚无专门针对这一领域制定的行政法规。

3. 档案信息化地方性法规

地方性法规是各省、直辖市、自治区、直辖市的人民代表大会及其常务委员会，根据本地区的实际情况制定的规范性法律文件，它是与国家法律及行政法规的重要联结点，其法律效力等同于行政法规。我国地域辽阔，地方差异较大，国家的法律、法规不可能面面俱到地适用于所有地区，因此需要针对地方特点对国家法律法规中的原则性要求和宏观性规定进行细化，制定出地方性法规。

2005年徐州市颁布了《徐州市档案条例》（以下简称《条例》），其中《条例》中的第二条明确规定：本市各级人民政府应当把档案事业的建设列入国民经济和社会发展计划，把档案信息化建设纳入政府信息化建设规划。档案事业经费列入本级财政预算，对档案保护、抢救、征集以及档案数字化建设等经费实行专项列支、专款专用。从徐州地方法律法规上看，把信息化建设放在以后发展的重中之重。但条例中并未指出详细的档案信息化管理制度。

4. 档案信息化政府规章

政府规章分部门规章和地方规章两类，部门规章是国务院各部门在本部门权限内制定的规定、办法、实施细则等规范性文件。政府规章相对法律、法规而言数量较大，内容具体、明确，针对性强，是法规体系的主体。目前，由国家档案局发布的档案规章就有四十多件，内容集中在专业档案和专门档案管理、文件处置、档案保护、档案行政管理和档案执法等方面，其中，直接针对档案信息化活动的规章有《电子公文归档管理暂行办法》和《档案管理软件要求》。信息产业部等其他国务院组成部门也都发布了大量有关信息化或档案管理方面的部门规章，如《文化和旅游部的艺术档案管理办法》、信息产业部的《互联网电子公告服务管理规定》、广电部的《电影艺术档案管理规定》等，内容涵盖信息设备、网络设施、电信服务、软件产品等各方面。

地方规章是由各省、自治区、直辖市人民政府及省人民政府按照规定程序制定的普遍适用于本地区的规范性文件。目前，全国地方政府的档案规章内容集中在城建档案管理数字认证、政务公开、系统安全、技术市场等方面。

5. 档案信息化规范性文件

规范性文件是指除政府规章以外，各级行政机关依据法定职权制定的对社会具有普遍约束力，因而可反复使用的文件。严格而论，这类文件属于行政文件，不是严格意义上的法律法规，但由于档案信息化活动比较微观，专门针对档案信息化活动制定的法规规章较少，因而数量相对较多、内容比较具体的规范性文件在微观层面上对档案信息化活动所起的制约作用相对重要，成为档案信息化法规体系的重要附加部分。事实上，这类规范性文件绝大多数也只是涉及了档案信息化活动而已，文件内容本身多数是综合性的，它们或者是针对信息管理的某个环节、信息化工作的某个方面，或者是有关某类信息或某种档案的管理。

信息化规范性文件中较为特殊的一类是国家标准，行业标准和地方标准，它们由国家或地方的专业主管部门拟订、质量监督检验局批准发布，具有强制性或指令性。档案信息化建设涉及面广泛的系统工程，将遵循、引用或参照大量的信息化与档案管理方面的标准。

对于高校来说，在《档案法》的引领下行使档案行政执法权，各高校依法对档案进行管理和提供利用，健全高校档案工作体制机制，确保档案部门依法履行行政管理职能，是提高档案管理科学化水平的关键和保证。高校要严格实行档案集中统一管理原则，最重要的就是要建立、健全档案工作的规范管理制度。定期检查档案工作，明确岗位职责，强化责任意识，提高管理水平。

二、档案信息化法规的内容

档案信息化法规在整体上应涵盖档案信息化活动的所有领域。具体而言，其内容应当涉及以下各个方面：

（一）数字档案资源建设

包括档案前处理、档案著录标引、档案目录数据库结构方面的规范；数字档案文件格式、档案数字化操作规程及质量标准方面的规范。

（二）电子文件生成、采集传输、利用、保管与迁移

包括电子文件数据交换及元数据标准；电子文件通用格式及载体规定；电子文件完整性、真实性、有效性保障制度；电子文件信息系统的构建规范；电子文件归档与管理体系规范；电子文件利用规则；电子文件价值鉴定方面的规定等。

（三）档案信息化基础设施建设

包括档案信息化硬件设施的配置标准、网络环境构建的技术要求和管理规范等，核心内容是档案局域网的拓扑结构、传输介质、传输模式、网络带宽、内外网联结方式等方面的规定。

（四）档案信息化应用系统建设

包括档案管理软件系统的功能要求与数据结构标准；文档一体化管理系统的信息流程与体系规范；档案网站建设运行规范；档案局域网的组织管理规范；电子文件中心的功能要求与构建规范；数字档案馆建设规范等；档案信息化项目的规划、立项、工程承建、发包、验收、审批等方面的管理性规定等。

（五）数字档案资源利用

包括与数字档案资源共享有关的利用形式、利用过程、共享权责技术模式、权益关系等方面的规范，核心内容是网络环境下数字档案资源共享所涉及的著作权、隐私权、信息利用权等主体权益的调整规定以及档案开放制度等。

（六）档案信息安全

包括档案信息安全和档案信息系统安全保障体系建设方面的法规要求，如档案信息备份制度、档案系统安全等级制度等。

（七）其他方面

包括对档案信息化总体目标基本内容、组织体制宏观管理等方面的规定；对档案信息化人才素质结构及队伍建设方面的规定；对公众在档案信息化过程中的权力和义务的规定等。

三、全国档案信息化法规建设现状

如前所述，有关信息活动或档案管理方面的综合性法规对档案信息化同样具有直接或间接的法律效力，因此，属于广义上的档案信息化法规体系的组成部分。这些综合性法规构成了档案信息化专门性法规的立法基础，直接影响着档案信息化专门性法规的建立和完善。

（一）法规建设状况

我国的信息立法起步较晚，但在信息化建设有志之士和法律界人士的共同努力下，近几年有了长足发展，国家目前有关档案信息化建设的法律法规有《全国档案信息化建设实施纲要》《数字档案馆建设指南》《电子档案管理办法》等专门的法律法规7项，行政法规50余件，地方法规百余件，各行业、各地区的信息化及标准化文件上千件，内容包括信息设施、信息技术、信息产业、信息商品、信息与知识产权、信息公开、信息安全保密等方面。但于信息立法的社会环境和信息立法本身规律的制约，我国的信息法规建设仍存在着调整领域狭窄、立法落后于信息技术和信息环境的变化等问题，这些问题直接影响着档案信息化法规体系的建设与完善。

（二）综合性法规建设状况

在档案立法方面，我国的档案法规随新中国档案事业的起步而逐步发展起来，1987年《中华人民共和国档案法》颁布后，形成了以《档案法》为核心，以档案行政法规、地方档案法规为框架，部门档案规章和地方政府档案规章为主体，档案标准和规范性文件为基础，其他法律、法规中的档案管理规定为补充的多层次档案法规体系。据不完全统计，目前，我国现行档案行政法规有7部、地方法规30多部、档案规章120多部，内容几乎涉及档案工作的各个方面。但由于近年来档案工作发展迅速、档案立法机构之间缺乏沟通与协调，档案法规建设仍存在内容滞后、体系不完善、法规之间缺乏配套等问题。

（三）档案信息化专门性法规建设状况

在信息立法和档案法规建设的基础上，自20世纪90年代中期开始，我国顺应档案信息化的要求陆续制定和发布了专门针对档案信息化建设的法规、规章与标准。最早问世的是国家档案局1996年2月发布的档案行业标准《磁性载体档案管理与保护规范》（DA/TI5—1995），该标准对机关、团体、企事业单位磁性载体文件的积累归档和磁性载体档案的管理、贮存与保护提出了规范性要求。随着大量CAD文件的面世，国家质量技术监督局及时发布了国家标准《CAD电子文件光盘存储、归档与档案管理要求》（GB/T17678-199标准）对CAD生成的电子文件的收集积累整理、鉴定归档与档案管理进行了规范。

1999年6月，为进一步规范各类电子文件的归档与管理，国家档案局颁布了第一部档案信息化部门规章《电子文件归档与电子档案管理办法》，对电子文件管理提出了较为系统的管理要求和技术规定。2000年12月，为适应计算机辅助档案管理的需要，国家档案局发布了档案行业标准《归档文件整理规则》（DA/T22—2000），规定了普适于各种数字环境的归档文件整理原则和方法。2001年6月，为提高档案管理软件的标准化程度，确保档案数据的安全和有效利用，国家档案局、中央档案馆发布了第二部档案信息化部门规章《档案管理软件功能要求暂行规定》，对国内成百上千功能质量参差不齐的档案管理软件的开发研制和安装使用进行了规范。

面对全国如火如荼的信息化形势，2002年11月国家档案局、中央档案馆印发了第三部档案信息化部门规章《全国档案信息化建设实施纲要》，确定全国档案信息化建设的指导思想，指出了全国档案信息化建设的目标和任务，规定了档案信息化建设的内容要求和日程。《实施纲要》是第一个全国档案信息化建设规划。

2002年，顺应电子文件生成、管理环境的变化和信息技术的发展，国家质量技术监督局又正式颁布了国家标准《电子文件归档与管理规范》（GB/T18894—2002），该标准在1999年颁布的部门规章《电子文件归档与电子档案管理办法》的基础之上，全面、详细地规定了公务活动中电子文件的形成、积累、归档、保管、利用统计的方法和要求，成为当前电子文件管理活动的总纲。

此后，为进一步规范电子公文的归档管理，国家档案局又于2003年7月颁布了第四部档案信息化部门规章《电子公文归档管理暂行办法》，对电子公文传输系统处理后形成的电子数据的归档管理做出了具体规定。2005年4月，在国家标准《电子文件归档与管理规范》的基础上，我国又出台了行业标准《公务电子邮件归档与管理规则》（DAV/T 32—2005），该标准对通过电子邮件系统发送和接收的电子信息的归档管理进行了规范，具体规定了公务电子邮件撰写传递、鉴定、归档、整理、移交与保管的程序与管理规则。与该标准同时颁发的还有档案行业标准《纸质档案数字化技术规范》（DA/T31—2005），该标准规定了纸质档案数字化加工的技术规范及数字化成品的管理方法，是我国第一个有关传统档案资源数字化的标准，为纸质档案数字化工作的开展提供了十分重要的依据。

此外，我国自20世纪90年代起就十分重视档案目录数据库建设的规范问题，在80年代至90年代中期制定的一系列著录标引规范的基础上，先后就档案目录数据库的结构与交换格式制定过一系列的行业标准。如，1996年3月批准的《革命历史档案机读目录软磁盘数据交换格式》（DA/T17.5—1995）、1999年5月批准的《民国档案机读目录软磁盘数据交换格式》（DA/T20.4—1999）、2005年4月批准的《明清档案目录中心数据采集标准明清档案机读目录数据交换格式》（DA/T 33—2005）、2006年3月批准的《中国档案机读目录格式》（GB/T 20163—2006）等，这些标准的制订和实施有力地推动了我国档案目录数据的建设与共享。

（四）档案信息化法规建设现状

江苏省是档案信息化建设较早的省份，江苏省历来将信息化建设作为战略重点，其信息化水平在全国前列，为推动档案信息化建设，规范了档案信息化建设的内容，制定了有关档案信息化工作的规章和规范性文件，包含江苏省高校档案信息化建设。

（五）信息化法规建设存在的问题

尽管我国档案信息化在法规建设方面取得了一定的成绩，但也明显地存在着以下问题：

1. 覆盖面有限

档案信息化现有法规覆盖面有限，存在许多立法上的盲区。完整的档案信息化法规体系应当包括如前所述的档案信息化活动的七个方面，而事实上，现有的档案信息化专门法规所规定的内容十分有限。例如，在档案数字化方面，目前仅出台了纸质档案数字化技术规范，照片、录音、录像、缩微胶片的数字化规范尚未面世；电子文件的归档与管理方面，虽然已先后颁布了两部行政规章、一部国家标准和一部行业标准，但有关电子文件采集的元数据标准、电子文件鉴定保存的技术规范依然空白；档案信息化基础设施和应用系统建设方面，至今未见档案局域网构建和档案网站建设方面的专门规定；档案馆建设方面的规范也迟迟未见问世，至于日显重要的档案信息安全问题，其专门法规目前仍在期待之中。

2. 滞后现象明显

一些信息化或档案管理方面的综合性法规，未能适应档案信息化发展的要求及时做出修改、调整，在内容上出现了滞后现象。例如，无论是1996年修改后的《档案法》还是1999年5月修订的《档案法实施办法》，在档案定义及档案管理、利用的各项规定中均未考虑或涵盖电子文件或数字档案在内，档案管理领域最重要的这两份法规，从总体上说还停留在“前信息化”时代。

3. 专门性法规较少

在档案信息化法规体系中，针对档案信息化工作制定的专门性法规较少，而通用于所有信息化活动或普适于整个档案工作的综合性法规比例过大，从而导致信息化法规体系的专指度不足，可操作性不强。

4. 地方性标准各行其是

许多亟须在全国范围内统一规范的内容，由于国家层面立法的滞后，造成地方性法规先行于前，地方性标准各行其是的被动局面。例如，由于国家规范迟迟未能出台，浙江、江苏、北京、天津、上海等地迫于自身档案工作实践的需要，先于国家推出了档案目录数据库结构与数据交换格式规范，这种规范上的多样化势必导致档案目录资源共享上的障碍。

5. 地方性法规对全国性法规的细化、补充不足

例如，2002年国家标准《电子文件归档与管理规范》颁发后，各省纷纷针对电子文件归档与管理推出地方规章，但无论从形式到内容，几乎都是国家标准的“拷贝”，而各市随后推出的市级电子文件归档与管理方面的规范性文件，内容又都雷同于省级规章，未能针对本地区的实际状况和具体要求对国家规范和省级规范进行细化。目前除档案信息化的规划类文件外，真正具有地方特色、内容切合地方档案信息化实际要求的专门法规及规范性文件并不多见。

四、改进档案治理体系建设，提升档案治理效能

根据党的十九届五中全会精神和《中华人民共和国国民经济和社会发展第十四个五年规划和2035年远景目标纲要》，中共中央办公厅、国务院办公厅印发《“十四五”全国档案事业发展规划》（以下简称《规划》）。《规划》的指导思想是以习近平新时代中国特色社会主义思想为指导，深入贯彻党的十九大和十九届二中、三中、四中、五中全会精神，立足中华民族伟大复兴战略全局和世界百年未有之大变局，增强“四个意识”、坚定“四个自信”、做到“两个维护”，紧紧围绕统筹推进“五位一体”总体布局和协调推进“四个全面”战略布局，立足新发展阶段，贯彻新发展理念，构建新发展格局，坚持系统观念，以高质量发展为主题，全面推进档案治理体系和档案资源体系、档案利用体系、档案安全体系建设，深化档案信息化战略转型，强化科技和人才支撑，着力推动档案工作走向依法治理、走向开放、走向现代化，为开启全面建设社会主义现代化国家新征程、实现第二个百年奋斗目标贡献档案力量。

全面推进档案治理体系建设，提升档案治理效能是《规划》中重点

强调的重点任务之一，具体有如下几个方面：第一，健全档案管理体制机制；第二，完善档案法规制度和标准规范；第三，严格档案执法、强化普法；第四，加强重点领域档案工作监管；第五，创新档案业务监督指导方式。《规划》明确“十四五”期间的档案制度规范工程。

（一）法规制度

以档案法为基础，以档案法规、规章为主干，内容科学、程序严密、配套完备、运行有效的档案法规制度体系。做好《中华人民共和国档案法实施办法》《科学技术档案工作条例》《机关档案工作条例》等行政法规、党内法规修订工作，重点制定修订有关档案馆设置布局、档案开放审核、电子档案管理、企业档案管理、重点领域专业档案管理、档案监督检查、档案行政处罚等一批部门规章及行政规范性文件。

（二）标准规范

完善档案标准体系，加大电子档案、科研档案、建设项目档案、医疗健康档案、档案资源共享服务、档案馆服务、档案安全保护及风险防控、数字档案馆（室）建设等方面的标准供给，加快推进《公务电子邮件归档管理规则》《电子档案单套制管理一般要求》《电子档案证据保全规范》《档案服务外包工作规范（第4部分：档案整理服务）》等行业标准发布实施。加强《党政机关电子公文归档规范》《电子文件归档与电子档案管理规范》《建设项目档案管理规范》等标准的解读和宣传贯彻工作。

Unit Nine

第九章 研究结论和建议

本研究通过问卷调查及访谈采用定性与定量相结合的分析方法，探讨了当前徐州市高校设备档案管理信息化建设的现状及其主要问题，并根据分析结果提出了相应的措施，同时，为了更深入地了解目前高校设备档案信息化建设现状，查阅了大量国内外文献，研究了我国高校档案事业的发展历程，特别地把我国科技档案发展历程（包含设备档案）另做阐述，最后根据徐州地区高校设备档案的分析结果和笔者在工作中的实践经验积累，对高校档案信息安全保障体系的建设实施、高校档案信息化建设、高校设备档案信息化人才建设给出了意见。这些研究成果将为徐州市及其他地区高校设备档案管理信息化建设工作的开展提供参考建议。

一、研究结论

（一）领导和档案管理人员对档案管理信息化重视程度不高

调查结果显示，徐州市高校领导大都注重学校的教学水平和知名度等，将工作重点也放在教学质量、科研成果、政绩等方面，而忽视了档案信息化建设，不管是档案信息化建设、制度建设、系统设计和发展战略，还是队伍的配置和员工的培训，都存在一定的不足。而对于高校档案管理人员来说，由于学校领导不够重视，导致大多数档案工作人员只能完成基本工作，不重视自身信息化的提高，认为档案只要不损坏、不丢失就行，阻碍了高校档案信息化发展。

（二）市高校档案信息管理制度尚不完善

根据调查结果发现，有部分高校在档案收集的制度中没有明确说明档案收集的标准；档案归档制度中没有详细规定档案归档的时间、内容范围和内容质量等，档案保管和保密制度中没有详细规定档案信息外泄应受到的惩罚细则和清晰的惩罚对象，导致档案工作人员互相推卸责任；没有专门对高校设备档案的管理做出明确规定，电子设备的运用维护制度中没有明确规定计算机、数码相机、复印机和打印机等的使用范围。

（三）市高校档案信息资源的利用程度不高

大多数高校仍采用以文件整理—装袋—封条—存箱模式为主、辅以数字化模式的存储模式，以及以传统手工方法为主、辅以计算机等电子设备的编研方式，档案检索方式仍以手工检索为主，导致设备档案工作人员为了维护纸质档案信息的完整与安全，而私自将档案封藏，档案信息借阅程序复杂，直接降低了档案信息资源的利用程度。

（四）市高校档案基础设备不足

调查发现，高校在信息化、硬件设备方面数量不足，服务器、扫描仪、打印机、复印机和存储设备等数量分别仅有1—2台左右，甚至路由器、数码相机、交换机、防磁声像柜及其他数字化设备仅仅能满足基本需求，严重阻碍了档案管理工作的开展。在软件设备方面数量和种类更为匮乏，高校档案馆还未使用较为专业的档案信息化管理软件系统，档案数据库还有待完善。

（五）管理人员的综合素质有待进一步提高

部分高校档案管理人员结构较不合理，档案管理人员结构存在一些问题：员工数量较少，不能与档案管理工作量相匹配，工作压力较大；员工年龄构成不合理，很多高校档案管理人员并不是档案管理专业，缺少专业技能，同时，档案管理人员有高级职称的较少，缺少管理经验，理论研究成果较少。有些高校虽然配有专业的档案管理人员，但缺少信息化知识，难以把信息化运用到工作实践中。

二、建议

根据对徐州市高校档案管理信息化现状及其存在问题的分析，本研究针对性地提出了有关高校设备档案管理信息化建设的改进措施，具体是：

（一）组织领导，提高重视

高校应该增强对档案管理信息化建设的宣传力度，让全体师生意识到档案管理信息化建设对本校的教学和科研有着重要的帮助，提高全体师生对档案管理信息化建设重要性的认识；在档案管理信息化建设的过程中，档案管理人员应及时将档案管理信息化建设的进程上报学校领导，提高学校领导对档案管理信息化建设的重视程度，尤其是加强对高校设备档案信息化建设的重视，制定合理的档案管理信息化建设计划，确保高校设备档案管理信息化工作的有序开展。

（二）设备档案信息资源管理制度

完善设备档案保管和保密制度，防止设备档案信息恶意泄露；完善设备档案利用制度，最大程度地发挥设备档案资源的利用价值；完善设备档案归档制度，确保实现“双轨归档”。

（三）数字档案馆藏，提高设备档案资源利用率

改变设备档案编研工作方式，实现设备档案编研工作的计算机化，做好文件归档前的前端控制工作，做到分类归档、分类保存，确保归档文件的完整性、准确性，提高设备档案信息编辑工作效率；转变档案存储模式，将文本形式的信息、图像用相关的设备进行数字化的转化，以数据库的形式储存下来，推进档案馆藏数字化进程；完善目录检索的同时加快全文检索的建设，实现目录和全文检索的全数据库档案覆盖，提高检索效率和设备档案信息利用效率。

（四）基础设施建设，加大对其投入及管理

加大资金投入，加强相关软硬件设施的建设；加强相关软硬件设备管理，提高利用率和安全性，相关软硬件设备在初级购买并安装之后，还需要后续的维护和管理工作。加强对软硬件设备的运用与管理，及时发现问题并解决问题，减少识别故障问题发生的频率；同时及时采取安全防范技术，如防火墙、密钥技术等，提高信息系统的安全性。

高校要重视建立仪器设备信息平台，建立统一规范的仪器设备档案数据库，实现档案资料的数字化和网络化，将学校在用的各类仪器设备的详细资料完整地建立起来，为学校规划决策提供准确的基础数据，为使用者向多层次信息需求提供多元化的检索方法和途径，充分发挥仪器设备的共享效率和使用率。

（五）"互联网+"，实现设备档案的网络化信息共享

随着"互联网+"的高速发展，使得档案管理信息化建设进度大大提高。面对设备管理工作中大量的数据和资料，引入网络共享管理已是势在必行。"互联网+"时代设备档案资源开放程度更高，借助互联网、微信、微博等新媒体平台，搭建"线上+线下"协同管理的服务平台，能够大大提升设备档案管理工作效率和仪器利用率，更好地适应"互联网+"时代信息共享的大趋势，提升设备档案管理的科学化和精细化。

设备档案资源共享是推动高校教学、科研和创新的基础条件，通过构建高校仪器设备档案信息资源共享平台，可以优化归档流程，提高管理效率，形成整体优势，促进高校学科建设和发展。为进一步提高仪器设备的档案管理水平，使优质资源得到充分、合理和高效的利用以及良好的维

护，以适应新形势下仪器设备档案管理工作的需求，应借助现代化信息技术和网络技术，加强对仪器设备档案信息资源的收集、整理、开发和利用等流程管理。

（六）档案管理人员队伍建设，培养档案信息化人才

宝贵的人才资源是推动档案管理实现网络化的最主要动力。设备档案管理是一个长期性、稳定性的工作，只有专职或兼职档案管理人员在掌握专业技能、熟悉档案管理程序和制度的基础上，才能对仪器设备档案信息资源进行跟踪、归档、著录、管理的全程管控。因此，要加强设备档案人员信息化的技能培训的管理技能考核，使培训和再教育制度化，才能更好地提高设备档案管理人员的综合素质；要根据具体情况，建立档案管理人才培养方案，注重对档案管理人才的持续性和有效性培养。只有加强设备档案管理人员的信息化水平，建设一支相对稳定的管理队伍，才能提高设备档案信息化建设的整体管理水平。

三、结束语

档案工作是维护党和国家历史真实面貌、保障人民群众根本利益的重要事业。经验得以总结，规律得以认识，历史得以延续，各项事业得以发展，都离不开档案。高校设备档案是国家档案的重要部分，高校设备档案是学校实验教学、科学研究建设和发展的基础，是学校资产管理工作的一项重要内容。

档案作为重要信息资源和独特历史文化遗产，价值日益凸显，档案工作对党和国家各项事业的基础性、支撑性作用更加突出，档案事业发展处于重要战略机遇期，同时也面临着严峻的挑战。社会主义法治国家建设和新修订档案法的施行，迫切要求深化依法治档、提高档案治理能力和水平。当前，高校正处于高质量发展阶段，对档案信息、档案文化的需求日益增长，迫切要求加快档案开放、扩大档案利用、提供优质高效服务。新一代信息技术广泛应用，档案工作环境、对象、内容发生巨大变化，迫切要求创新档案工作理念、方法、模式，加快全面数字转型和智能升级。这给当前高校的高质量发展带来了挑战和机遇，要尽快改变观念障碍、制度缺陷、技术瓶颈和人才短板，提高档案的利用率，要加大力度，切实推动高校档案工作的高质量发展。

面对新的历史起点，要以习近平新时代中国特色社会主义思想为指导，深入贯彻党的二十大会议精神，立足新发展阶段，贯彻新发展理念，构建新发展格局，全面推进档案治理体系和档案资源体系、档案利用体系、档案安全体系建设，深化档案信息化战略转型，强化科技和人才支撑，着力推动档案工作走向依法治理、走向开放、走向现代化。

Appendix

附录

高校设备档案管理规定

徐州幼儿师范高等专科学校档案工作管理规定

第一章　总则

第一条　为进一步加强学校档案工作，提高档案科学管理水平，充分发挥档案作用，使之更好地为学校各项工作服务，根据《中华人民共和国档案法》及其相关的法律法规、标准规范，制订本规定。

第二条　本规定所称的档案，系指学校在招生、教学、科研、管理等活动中直接形成的，对学生、学校和社会具有保存价值的各种文字、图表、声像等不同形式、载体的历史记录。

第二章　规范性引用文件和档案术语

第三条　规范性引用文件

（一）中华人民共和国档案法

（二）中华人民共和国档案法实施办法

（三）档案管理违法违纪行为处分规定（国家监察委员会令第30号）

（四）档案工作基本术语（DA/T 1—2000）

（五）高等学校档案管理办法（教育部令第27号）

（六）档号编制规则（DA/T 13—1994）

（七）归档文件整理规则（DA/T 22—2015）

（八）江苏省《归档文件整理规则》实施细则

（九）机关文件材料归档范围和文书档案保管期限规定（国家档案局令第 8 号）

（十）科学技术档案工作条例

（十一）科学技术档案案卷构成的一般要求（GB/T 11822—2008）

（十二）科学技术研究档案管理规定（国家档案局、科技部令第15号）

（十三）科学技术研究课题档案管理规范（DA/T 2—1992）

（十四）建设工程文件归档规范（GB/T 50328—2014）

（十五）建设项目档案管理规范（DA/T 28—2018）

（十六）徐州市城市建设档案管理办法

（十七）会计档案管理办法（财政部 国家档案局令第 79 号）

（十八）照片档案管理规范（GB/T 11821—2002）

（十九）印章档案整理规则（DA/T 40—2008）

（二十）纸质档案数字化规范（DA/T 31—2017）

第四条　档案基本术语

（一）档案：国家机构、社会组织或个人在社会活动中直接形成的有价值的、各种形式的历史记录。

（二）档案管理：档案的收集、整理、保管、鉴定、统计和提供利用等活动。

（三）案卷：由互有联系的若干文件组合成的档案保管单位。

（四）立卷：将若干文件按形成规律和有机联系组成案卷的过程。

（五）档案收集：档案馆、档案室接收及征集档案和其他有关文献的活动。

（六）档案归档：办理完毕且具有保存价值的文件，经系统整理交档案室（馆）保存的过程。

（七）档案整理：按照一定的原则对档案实体进行系统分类、组合、排列、编号和基本编目，使之有序化的过程。

（八）档案保管：维护档案完整与安全的活动。

（九）档案鉴定：判定档案真伪和价值的过程。

（十）档案利用：利用者以阅览、复制、摘录等方式使用档案的活动。

第三章　档案工作总体原则

第五条　学校档案工作是学校各项管理工作的组成部分，是反映和维护学校历史真实面貌的一项重要工作，是办好学校的重要基础工作之一，应纳入学校整体发展规划和年度计划，纳入学校管理制度和各级各类人员的职责范围。

第六条　档案是学校的宝贵财富，必须实行集中统一管理，确保其完整、准确、系统和安全，便于开发利用。

第四章　档案机构及其任务

第七条　学校综合档案室是学校档案工作的职能管理部门，负责学校档案的永久保存和提供利用。

第八条　学校档案工作由校长领导，同时接受国家各级档案主管部门的指导、监督与检查。

第九条　学校各二级单位必须明确一名负责人分管本部门档案工作，并配备1—2名兼职档案员，负责本部门档案的收集、整理和归档工作。

第十条　对需要特殊条件保管或利用频繁且具有一定独立性的档案，可根据实际情况设立档案分室管理。档案分室应接受学校综合档案室的业务指导。

第五章　档案工作职责

第十一条　综合档案室工作职责：

（一）综合档案室是负责集中统一保管、利用学校文书、教学、科研、会计、基建等类型档案和声像资料的业务管理部门。

（二）宣传和贯彻执行国家和地方关于档案工作的法律法规、方针政策，执行上级主管机关下达的有关档案工作的指令和规范。

（三）制订学校档案工作的规章制度和业务规范，并负责贯彻落实。

（四）负责学校档案及有关资料的接收（征集）、整理、分类、鉴定、保管、统计、利用等工作。

（五）建立健全学校档案工作网络，负责对学校各部门、各学院的专（兼）职档案工作人员进行业务培训。

（六）开展档案利用工作，编制多种检索工具，积极开发档案信息资源。

（七）开展档案信息化建设，推动学校档案工作的信息化管理。

（八）开展档案理论研究和学术研究活动，组织、参加档案工作协作与交流活动。

（九）完成领导交办的其他任务。

第十二条　专职档案员岗位职责：

（一）热爱档案事业，认真学习、贯彻执行国家和地方关于档案工作的法律法规、方针政策，努力钻研业务，不断提高档案业务技术水平。

（二）及时贯彻执行上级主管机关关于档案工作的各项方针政策和业务规范。

（三）制定学校档案工作计划及各项档案管理制度。

（四）负责学校文书、教学、科研、基建、会计、实物、声像等各类档案的收集、整理、鉴定、统计、保管、利用等工作。

（五）加强档案库房管理，定期对档案保管情况进行检查，严格按照库房“八防”要求做好库房日常管理，维护档案的安全。

（六）严格遵守借阅制度，热情接待利用者，认真填写利用效果登记簿。

（七）指导、协助兼职档案员进行文件材料收集、分类、立卷、归档工作。

（八）能够熟练操作档案管理软件，逐步提高档案管理现代化水平。

第十三条　学校各二级单位均由一名领导分管档案工作，主要职责为：

（一）组织学习、宣传、贯彻执行《中华人民共和国档案法》以及上级主管部门下发的各项规定，执行学校档案工作规章制度，并定期检查各项制度的执行情况。

（二）加强对档案工作的领导，把档案工作纳入本部门整体发展规划和重要议事日程，并纳入有关人员的岗位职责，并作为其工作评估考核内容之一。

（三）关心本部门档案工作，从人力、财力、物力上给予支持，根据本部门实际需要配备 1—2 名兼职档案人员，确保每一年度各类档案能够正常归档。及时解决本部门档案工作中的问题和困难，保证档案工作与本部门各项工作协调发展。

（四）督促本部门兼职档案人员按时保质做好文件材料的收集整理、立卷归档和移交等工作。

（五）负责本部门归档文件材料的审定工作。

（六）对本部门在档案管理工作中做出显著成绩的人员给予奖励，对违反档案管理法规的人员给予处罚。

第十四条　兼职档案人员工作职责：

（一）热心档案工作，了解并掌握档案工作的基本知识和方法，执行相应的档案工作规范，接受综合档案室的业务指导。

（二）负责本部门文件材料的形成、积累、保管和整理工作，保证归档文件材料的完整、准确、系统。

（三）做好文件的积累工作，坚持平时立卷，按照档案归档范围和分类要求对本部门形成的文件材料进行预立卷。

（四）积极参加档案业务学习，不断提高档案管理水平。

（五）遵守党和国家的保密纪律，严格执行保密制度，不失密、不泄密。

（六）根据实际情况，对本部门的文书及档案工作提出意见和建议。

第六章　档案的收集

第十五条　归档主要内容

（一）反映学校主要职能活动、中心工作和基本历史面貌的，对学校和社会具有长远利用价值的文件材料，以及在维护国家、集体和个人权益等方面有永久性凭证价值和文化价值的各种形式和载体的文件材料。比如：学校制定的政策性文件，处理重要问题形成的文件材料，召开重要会议的主要文件，重要的请示、报告、总结、综合统计表、机构演变、干部任免等文件材料，资产登记、重要合同协议等法律凭证文件材料。

（二）反映学校一般工作活动，在一定时期内对学校和社会有查考利用价值的，以及在一定时期内对维护国家、集体和个人权益等方面具有凭证价值的各种形式和载体的文件材料，如学校处理一般工作问题的文件材料，人事管理工作形成的一般文件材料等。

（三）直属上级机关和非直属上级机关颁发的属于学校主管业务并需要贯彻执行的文件材料，上级机关颁发的非学校主管业务但需要贯彻执行的文件材料。

（四）归档的重点，首先是学校形成的不同形式和载体的文件材料，特别是全局性、综合性的文件材料，其次是上级和其他单位针对学校所发的指令性、指导性文件、电报及附件。

第十六条　归档时间

（一）文书档案，应在办理完毕后的次年六月底之前归档。

（二）基建档案，应在其项目竣工、审计完毕后或财务决算后三个月内归档，周期长的可分阶段、单项归档。

（三）教学档案，应在办理完毕后的次年六月底之前归档。

（四）科研档案，按项目（或课题）完成总结鉴定之后两个月内归档。

（五）会计档案，由计划财务处整理立卷装订成册，在年度终了后，由计划财务处保管一年后，编造清册，于归档年三月底之前移交综合档案室。因工作需要确需推迟移交的，经分管档案和财务工作的校领导同意后予以延迟移交。财务处临时保管会计档案最长不超过三年。

（六）实物档案、声像档案应在工作结束后七个工作日归档，实物档案由归档部门将获奖实物连同实物照片或者扫描件一并归档。

（七）学校内部机构变动和职工调动、离岗时留在部门或个人手中的文件材料应随时归档。

第十七条　归档要求

（一）归档的纸质文件材料应为原件，因故无原件的可将具有凭证作用的文件材料归档，存复印件的需注明原始件的去向。

（二）在归档纸质文件的同时，同步归档相应的电子文件。

（三）归档的纸质文件材料一般一式一份。重要的、利用频繁的和有专门需要的，可适当增加归档份数。

（四）归档文件材料要系统、完整，不能缺项少份，也不能缺少张页。文件里有附件的，附件也要一并归档。

（五）外文或少数民族文字材料，若有汉译文的应与汉译文一并归档，无译文的要译出标题后归档。

（六）归档的文件材料不得使用铅笔、圆珠笔、蓝色墨水等非耐久性书写材料书写，应使用碳素墨水等字迹耐久性书写材料。字迹模糊或易蜕变的文件应予复制。

（七）两个以上单位合作完成的工作材料，主办单位保存全套文件材料，协办单位保存与承担任务相关的正本文件。有合同、协议规定的，按其要求执行。

（八）综合档案室接收保管的会计档案，应保持原卷册的封装，个别需要重新装订时，应当会同计划财务处经办人共同拆封整理，以分清责任。

（九）上级主管机关授予我校的以及我校在国家、省、市各项工作、活动中获得的奖牌、锦旗、奖杯、证书及其他具有保存价值的实物档案：凡属于学校或部门集体荣誉的，必须归档全套材料（包括获奖文件、奖牌等）；个人以学校名义申报、参评获得的个人奖项，证书、奖牌等实物档案归个人所有，获奖文件原件归档到综合档案室。获奖个人如需获奖文件的，可由综合档案室提供复印件或者电子扫描件。

第十八条　归档手续

（一）各部门兼职档案人员应检查本部门归档文件材料的齐全、完整与准确情况，整理完毕并编制档案移交清单，由部门负责人签字核准后向综合档案室移交，重要项目的文件材料移交时应编写归档说明。

（二）综合档案室工作人员应认真核对各业务部门移交的文件材料，全面检查归档文件材料的质量，对符合归档要求的，当面办理交接手续，不得事后补办或委托他人办理。

（三）交接完毕后，交接双方经办人应在档案移交清单上签名或盖章，一式二份，双方签字后各执一份。同时提交档案移交清单的电子版本。

（四）对归档文件材料不符合归档要求，综合档案室有权要求重新整理和补充。

第七章　档案的库房管理

第十九条　档案库房管理应贯彻“以防为主、防治结合”的原则，档案库房要具备抗震、防盗、防火、防水、防潮、防尘、防虫、防鼠、防高温、防强光等“十防”措施，保持清洁卫生，柜箱摆放整齐，档案排列有序。

第二十条　档案库房的温度应控制在 14～24℃，相对湿度应控制在 45%～60%。

第二十一条　每天记录库房内的温湿度，掌握温湿度的变化情况，及时做好增温、增湿和降温、减湿的工作。

第二十二条　库房不得存放同档案及其保护设备无关的物品，严禁存放易燃、易爆、易霉变物品。

第二十三条　定期对库房进行打扫，保持库房整洁。

第二十四条　加强库房日常检查，做好记录，发现问题随时采取措施。每年对档案进行一次全面检查，发现问题，及时解决。

第二十五条　严格执行库房纪律，非档案工作人员未经允许不得进入库房。

第八章　档案的借阅利用

第二十六条　学校综合档案室设立专门的阅览室，并编制必要的检索工具，提供计算机查询系统、全引目录等，为档案利用创造便利条件。

第二十七条　文书档案借阅制度

（一）校内工作人员持部门介绍信或工作证等有效证件，可查阅非保密档案。

（二）校内工作人员查阅本部门的保密档案，须持部门负责人签署的介绍信，并注明利用目的和内容；跨部门查阅保密档案，须经归档部门负责人和档案室负责人同意。

（三）校外单位和人员因工作需要查阅档案，须出具所在单位介绍信和本人工作证或身份证等有效证件，经归档部门负责人和档案室负责人同意。

（四）档案一般只限在阅档室查阅，并进行查阅登记。

（五）校内工作人员确因工作原因需要借出的，须填写《综合档案借阅审批表》，经归档部门领导和档案室负责人同意后，办理档案借阅手续，借期一般为一周。若需延长借阅时间，必须及时办理续借手续。

（六）档案借阅者应对档案的保密、安全和完整负责，按时归还，不得转借他人，不准带到公共场所，不得污损、涂改、折叠、拆卷和丢失，违者将根据有关规定予以处理。

（七）档案利用者摘抄、复印非保密档案，须经档案工作人员同意；摘抄、复印保密档案，须经归档部门负责人和档案室负责人同意方可查阅。

（八）档案利用者不得擅自公布档案内容，违者将依法追究责任。

第二十八条　科技档案借阅制度

（一）校内部门或个人利用非保密科技档案，须凭部门介绍信或本人工作证等有效证件，并说明利用目的。

（二）涉密科研档案，只限本课题组成员和科研处人员查阅，其他人员须经课题组组长及科研处有关人员同意后方可利用。谢绝校外单位或个人查阅涉密科研档案，如有特殊需要，须持所在单位正式介绍信，并经课题组组长及科研处负责人同意方可查阅。

（三）科技档案一般只限在阅档室进行查阅，并进行查阅登记。

（四）校内工作人员确因工作原因需要借出的，须填写《综合档案借阅审批表》，经科研处负责人及档案室负责人同意后办理档案借阅手续，借期一般为一周。若需延长借阅时间，必须及时办理续借手续。

（五）档案借阅者应对档案的保密、安全和完整负责，按时归还，不得转借他人，不准带到公共场所，不得污损、涂改、折叠、拆卷和丢失，违者将根据有关规定予以处理。

（六）借阅者不得擅自公布档案内容，违者将依法追究责任。

第二十九条　会计档案借阅制度

（一）校内部门或个人利用会计档案需经计划财务处负责人同意，并由财务人员代为查阅。

（二）校纪委办公室（监察检查室）及执纪审查室在办案或审查过程中需利用会计档案，经其负责人、计划财务处负责人同意后，可由办案或审计人员到综合档案室查阅。

（三）会计档案一般只限在阅览室阅览，如因工作原因需要借出，须填写《综合档案借阅审批表》，经计划财务处负责人和档案室负责人同意后，办理借阅手续，借期一般为一周。若需延长借阅时间，必须及时办理续借手续。

（四）档案借阅者应对档案的保密、安全和完整负责，按时归还，不得转借他人，不准带到公共场所，不得污损、涂改、折叠、拆卷和丢失，违者将根据有关规定予以处理。

第九章　档案的保密

第三十条　档案管理人员和利用者均应树立保密观念，贯彻执行《中华人民共和国档案法》和《中华人民共和国保守国家秘密法》，共同保守档案秘密。

（一）档案人员忠于职守，认真执行各项保密规定，保管好档案，严防失密、泄密、窃密的事件发生。

（二）对各类档案均应按规定的范围进行查阅、借阅。查阅、借阅涉密档案要严格履行相关手续。

（三）不得将涉密档案私自带出综合档案室或外传。

（四）对涉密档案内容不得自行摘抄、拍照、翻印或复制。

（五）凡涉及档案秘密的人员一律不准在家庭、子女及无关人员面前谈论有关档案的秘密内容，不得在普通电话、明码电报和私人通信中暴露档案秘密。

（六）利用者对所借涉密档案必须妥善保管，及时归还，不得转借他人，不准携带外出、探亲访友、出入公共场所。

（七）对保管期满、失去保存价值的档案文件要按规定销毁，不得以废纸出售。

（八）非档案管理人员不得进入档案库房，如有上级检查工作和外单位人员参观学习时，应由档案工作人员带领。

（九）发生失密、泄密和档案被盗事件时要立即报告档案室负责人保密或保卫部门，当事者要出具书面报告。对违反保密规定、造成泄密和被盗密者，应按其性质及情节给予严肃处理。

第十章　档案的鉴定、销毁

第三十一条　根据《中华人民共和国档案法》和上级有关文件精神，学校综合档案室必须定期对保管期限已满的档案进行鉴定。

（一）档案鉴定工作由档案鉴定小组负责。档案鉴定小组由学校主管领导、业务部门负责人、综合档案室负责人以及精通业务的专业人员和档案工作人员共同组成。

（二）档案保管期限应根据文件对学校所具有的现实和今后工作查考凭证作用、历史研究价值确定。

（三）档案鉴定采用直接鉴定的方法，对须鉴定的档案材料逐卷、逐件审查。

（四）经鉴定确认无保存价值的档案须编制销毁清册，送主管校长审批。

（五）经批准销毁的纸质档案，应到当地档案主管部门指定的造纸厂销毁，并指派两人或两人以上监销。监销人员确认档案已销毁后，在销毁清册上签字。

（六）电子档案的鉴定销毁，参照纸质档案鉴定销毁规定执行。如存储在不可擦除载体上，应连同存储载体一并销毁，并在网络上彻底清除。

（七）档案鉴定销毁工作，要严格执行保密制度，不得外泄档案内容。

第十一章 档案的统计

第三十二条 建立健全档案收进、移出、整理、利用、销毁等工作的统计台账，做到账物相符。

（一）统计人员要按当地档案主管部门和上级档案管理部门的要求，及时报送各种统计报表，并进行统计分析。

（二）各类数据应以原始资料为依据，实事求是，不得随意估算，不得虚报、瞒报，确保统计数据的严肃性。

（三）各统计项目每半年统计一次，年底汇总，特殊情况下可根据需要随时统计。

（四）档案统计工作由专人负责。

第十二章 档案的安全防范

第三十三条 认真做好综合档案室的安全防范工作是综合档案室每位档案管理人员应尽的义务和职责，必须提高警惕，以防万一。

（一）档案管理人员必须严格遵守各项管理制度，做好防盗、防火、防失密措施的落实工作。

（二）档案管理人员不得在办公室、工作间、库房存放现金和贵重物品。

（三）档案管理人员如发现安全隐患或重大事件，应及时向分管领导汇报，以便及时采取整改措施或妥善处理。

（四）档案管理人员在下班后必须关闭电灯、电器、电脑等设备的电源，以确保电器设备的安全，并关好门窗，以确保档案工作间和库房的安全。

第三十四条 严格遵守党和国家的安全消防法，确保档案安全。

（一）严禁将易燃、易爆物品带入库房内，不得明火焚烧，防止意外事故发生。

（二）按要求配备消防器材，定期进行检查、保养，保证消防器材的完好，满足防火要求。

（三）每天进行一次消防巡查，每月进行一次消防检查，发现问题及时汇报，随时消除可能发生事故的隐患。

（四）积极参加学校组织的消防安全教育培训，增强消防安全意识，提高防火自救的能力。

第十三章　档案的信息化

第三十五条　学校设立专项经费，配备档案信息化设备，加快数字档案室建设，保障档案信息化与数字化校园建设同步进行。学校综合档案室要加强档案科学化、规范化管理，提高档案工作人员业务水平，加快档案数字化进程，逐步在校园网内建立起非涉密档案信息平台，开展远程档案利用，满足学校广大师生员工对档案信息的迫切需求，提高档案的利用效率。

第十四章　档案违法违纪行为处罚规定

第三十六条　有下列行为之一的，依法追究直接责任人、负有领导责任人员和有档案违法违纪行为个人的经济以及法律责任。

（一）将公务活动中形成的应当归档的文件材料、资料、实物等据为已有，拒绝交综合档案室、档案工作人员归档的。

（二）利用职务之便，将所保管的档案据为已有的；出卖或者违反规定转让、交换以及赠送档案的。

（三）因工作不负责任或者不遵守档案工作制度，导致档案损毁、丢失的。

（四）擅自销毁档案的；涂改、伪造档案的；擅自从档案中抽取、撤换、添加档案材料的。

（五）擅自提供、抄录、复制档案以及拒绝提供档案利用的。

（六）不遵守保密制度，造成学校档案泄密的。

（七）未配备安全保管档案的必要设施、设备的；明知所保存的档案面临危险而不采取措施的。

（八）档案安全事故发生后，不及时组织抢救的；隐瞒不报、虚假报告或者不及时报告的；干扰阻挠有关部门调查的。

第十五章　附则

第三十七条　本规定由党政办公室、综合档案室负责解释和修订。

第三十八条　本规定自下发之日起施行，此前与本规定不一致的，以本规定为准。

徐州幼儿师范高等专科学校设备档案工作规范

（2021 年修订）

一、总则

根据《中华人民共和国档案法》《高等学校档案管理办法》《科学技术档案工作条例》《科学技术档案案卷构成的一般要求》等法律法规、标准规范，结合我校实际情况，特制订本规范。

二、适用范围

本规范规定了设备档案管理的原则和方法。

三、工作基本原则

设备档案是指各种作为学校固定资产的仪器设备，在其购置、验收、运行、管理、维修、改造、报废等全部活动过程中直接形成的、具有保存利用价值的文字、图表、声像载体材料。设备档案坚持集中统一管理的原则，确保设备档案完整、准确、系统和安全，便于开发利用。

设备档案是我校仪器设备管理工作的组成部分和重要环节，设备档案工作须纳入学校设备管理工作之中，与设备计划管理，设备采购供应和设备使用等工作紧密结合。

四、管理职责

后勤管理处是设备档案的形成和立卷部门，专门成立档案分室对设备档案实行单独管理。综合档案室为设备档案分室的业务指导单位，负责对学校设备档案管理的业务指导、监督和检查。

（一）设备档案分室由后勤管理处领导，其主要职责为：

1. 认真贯彻执行档案工作的方针、政策、法令和法规，依法依规开展设备档案管理工作。

2. 遵照上级和学校有关规定，制定设备档案分室各项管理规章制度，加强对设备档案的科学管理。

3. 负责对设备档案的形成单位进行监督和指导，积极参加学校的档案工作检查、评比和经验交流活动。

4. 负责设备档案的接收、整理、分类、鉴定、统计、保管和利用工作，编制必要的检索工具。

5. 负责对设备档案分室人员进行档案安全与保密教育，严格履行查借阅手续，确保设备档案的实体与信息安全。

6. 组织设备档案分室人员参加设备档案业务培训、学术和信息交流活动，开展档案理论和实践的研究，不断提高设备档案的业务素质和管理水平。

（二）设备档案分室兼（专）职档案员的主要工作职责

1. 按规定收集、积累和整理设备档案。

2. 参加重大设备的开箱验收，监督、检查、指导设备文字材料和技术文件的清点、验收工作。

3. 按规定立卷和保管，同时定期向综合档案室移交设备档案归档目录。

4. 提供设备档案的查询利用服务。

五、立卷要求

（一）组卷要求

1. 后勤管理处应对照设备档案归档范围，检查档案文件材料是否准确、系统、完整，剔除不应归档文件材料。

2. 案卷题名应简明、准确揭示卷内文件材料的内容和成分（不超过50个汉字）。题名一般由责任者（不得简称本校）、内容、名称（文种）构成。

3. 将最能反映设备购置概况的文件材料，包括申购报告、批复文件、论证文件、订购合同、验收报告、索赔文件等整理组成案卷，排放在各卷之首，其余设备技术文件材料按设备的工作程序及重要程度依次系统排列。做到文字材料在前，图表在后；正件在前，附件在后；印件在前，定稿在后。

（二）质量要求

1. 组卷前要详细检查档案材料是否按要求收集齐全、完整，做到不丢项不漏项。文字材料的抄写件必须用黑色碳素墨水等耐久性字迹材料书写，做到字迹工整；复印件要字迹清楚、牢固，适宜长期保存。

2. 卷内文件材料排列顺序依据卷内文件材料的构成而定，顺序为：封面、目录、文件材料部分、备考表、封底。组成的案卷美观、整齐。

3. 卷内文件材料以件为单位。每件起始页号均以“1”开始编制页号，有书写内容的页面均需编写页号。页号编写位置在文字材料的右下角，双面书写的文字材料页号编写为正面在右下角，背面在左下角。图纸折叠后一律编写在右下角。

4. 拆除文件上的金属物，对破损的文件材料以及与本卷文件材料不可分割的照片、小字条等要进行加边、修补、裱糊。

5. 案卷内超出卷盒幅面的文件及图纸应叠装，折叠以后的幅面应为A4幅面大小（210毫米×297毫米）。图纸折叠采用“手风琴风箱式”，标题栏、竣工图章应露在外面。图纸折叠方法参见国家标准《技术制图复制图的折叠方法》（GB/T 10609.3—2009）。

6. 填写卷内备考表（卷内备考表位于卷内文件材料之后）。

（1）本卷情况说明：填写卷内文件缺损、修改、补充、移出、销毁等情况。

（2）立卷人：由组卷者签名。

（3）检查人（审核人）：由立卷单位分管领导审核签名。

（4）立卷时间：填写立卷年、月、日。

六、归档要求

（一）内容要求

归档的文件材料必须准确、系统、完整，签章手续齐全。所归档的档案应为原件，因故无原件的可归具有凭证作用的文件材料，存复印件的需注明原始件的去向。

（二）归档时间

后勤管理处于次年六月底前向设备档案分室归档，同时设备档案分室向学校综合档案室送交当年设备档案目录。

（三）归档手续

1. 归档时提交归档文件移交清单，一式二份，双方各存一份。

2. 移交档案要严格验收，并办理交接手续。

七、设备档案的保管

存放设备档案的库房，应做到防火、防盗、防光、防尘、防有害生物、防高温、防潮湿、防污染等，应远离可能形成磁场的电器设施。

八、鉴定与销毁

对超过保管期限的设备档案，由设备档案分室组织有关业务部门的成员组成鉴定小组，按国家有关保管期限规定，定期进行鉴定，对已失去保存价值的档案提出销毁意见，经过分管后勤管理处和档案工作的校领导审批后，登记造册后进行销毁。

徐州幼儿师范高等专科学校设备档案归档

文件材料的要求

一、归档的纸质文件材料应为原件，因故无原件的可将具有凭证作用的文件材料归档，存复印件的需注明原始件的去向。

二、在归档纸质文件的同时，同步归档相应的电子文件。

三、归档的纸质文件材料一般一式一份。重要的、利用频繁的和有专门需要的，可适当增加归档份数。

四、归档文件材料要系统、完整、不能缺项少份。文件里有附件的，附件也要一并归档。

五、外文或少数民族文字材料，若有汉语译文的应与汉语译文一并归档，无译文的要译出标题后归档。

徐州幼儿师范高等专科学校设备档案的移交手续

一、各部门兼职档案人员应检查本部门归档文件材料的齐全、完整与准确情况，整理完毕并填写《档案移交清单》，由部门分管档案负责人或部门负责人签字核准后向综合档案室移交，重要项目的文件材料移交时应填写归档说明。

二、设备档案室工作人员应认真核对各业务部门移交的文件材料，全面检查归档文件材料的质量，对符合归档要求的，当面办理交接手续，不得事后补办或委托他人办理。

三、交接完毕后，交接双方经办人应在档案移交清单上签名或盖章，一式二份，双方签字后各执一份。同时提交档案移交清单的电子版本。电子文件材料归档，不得在企业微信内传递，需要用U盘、光盘等进行物理归档。

四、对归档文件材料不符合归档要求的，综合档案室有权要求重新整理和补充。

徐州幼儿师范高等专科学校设备档案工作保密制度

为了做好学校档案的安全保密工作，根据《中华人民共和国保守国家秘密法》和上级有关保密工作的规定，特制定本制度。

一、严格执行设备档案接收、保管、利用制度，认真履行登记、签字、注销手续。

二、档案人员必须严守国家秘密，不得私自摘抄、复印、传播涉密档案内容。

三、利用涉密档案必须履行审批手续，一般情况下，不允许摘抄、外借涉密档案。利用者在查阅非保密重要档案时，档案人员要在现场。

四、涉密档案严禁上网，档案数据库的备份要专人专柜保管，严禁带出档案室。数据库备份所用服务器不联网。报废的计算机要进行数据不可恢复性彻底破坏。

五、经鉴定需要销毁的档案材料，必须按规定登记造册，并经主管校长批准后，由两人以上监销。

六、档案室在工作中形成的各种废纸必须及时销毁，不得随意乱扔或出卖。

七、档案人员违反本规定，视情节轻重予以处理。

徐州幼儿师范高等专科学校设备档案安全防范制度

一、数据安全保护制度

1. 数据必须有据、合法。必须经过合法的手续和规定的渠道采集、存储、加工、处理和传输数据，采用的数据范围应与规定的用途相符。

2. 数据使用与管理的统一。数据使用者必须承担数据的管理职责，有责任保护数据，防止数据的丢失、泄露与被破坏。

3. 根据权限使用数据。数据的使用者只能使用其权限范围内的数据。任何人不能使用未被授权的数据。

4. 系统管理员负责及时备份数据。系统管理员应每天进行数据增量备份，每月进行一次全备份，以防止数据的丢失和被破坏。数据备份馆长、系统管理员各保管一份。馆内用于数据备份的服务器不联网。

5. 系统出现故障和遭到破坏时，由系统管理员负责完成数据恢复工作，因特殊原因不能恢复的，应及时向分管领导汇报，妥善处理。数据恢复后要认真填写数据管理日志。

6. 数据库终端计算机房要有安全防护措施，终端计算机要设密码保护。

二、档案室复印机管理使用规定

1. 复印机管理人员要有强烈的责任心，精心操作，注意设备的保养和维护。

2. 对复印的材料要严格把关、登记，不得复印无关内容。

3. 对标有密级和内部事项的文件材料的复印，要严格履行审批手续。

4. 档案复印件的废页要集中存放，定期销毁。

5. 复印时严格执行收费标准，缴纳现金的，要出示校内收据。

三、档案室安全防范制度

1. 认真做好档案室的安全防范工作是每位管理员应尽的义务和职责，档案管理人员必须提高警惕，以防万一。

2. 档案管理人员必须严格遵守学校行政管理制度，做好防盗、防火、防失密措施的落实工作。

3. 档案管理人员应严格执行节假日、双休日值班制度，做好值班记录和交接班工作，不得擅自离开岗位。

4. 档案管理人员不得在办公室、工作间、库房存放现金和贵重物品。

5. 档案管理人员严禁将易燃、易爆物品带入馆内，不得明火焚烧，防止意外事故发生。

6. 档案管理人员如发现安全隐患或重大事件，应及时向领导汇报，以便及时采取整改措施或妥善处理。

7. 档案管理人员在下班后必须关闭电灯、电器、电脑等设备的电源，以确保电器设备的安全，并关好门窗，以确保档案工作间和库房的安全。

徐州幼儿师范高等专科学校设备档案借阅管理制度

为了充分发挥设备档案资源在学校教学、科研和管理工作中的作用，做好为学校和社会提供利用、服务工作，并保证设备档案的完整性及保密性，理顺工作程序，明确工作职责，特制定本办法。

一、凡借阅本部门档案室档案资料，须经本部门分管领导签字批准后到档案管理员处办理借阅手续。

二、严格履行档案管理手续，并在《档案借阅登记表》上注明借阅文件名称、编号、借阅人、借阅日期等。

三、查阅设备档案资料，必须在设备档案办公室内，不得带出室外，不得转借他人传阅，随意摘录和复制；因特殊情况必须将档案资料带出室外，必须经相关领导签字批准。

四、借阅人必须按借阅期限及时归还所借阅资料。

五、设备档案室所藏档案原则上不借出，只限于在档案室查阅。确因工作需要将档案借出档案室（机密、绝密档案除外）的，须经本部门分管领导同意，并严格履行外借手续，方可借阅。档案借出期限不超过三周，逾期借阅，须到设备档案室办理续借手续。否则，党政办公室将予以通报批评，或由学校采取行政处罚，直至交回全部档案为止。

六、借阅人员要强化保密意识，严禁擅自翻阅、抄录和复印秘密文件资料；要爱护所借阅档案资料，确保档案资料的完整与安全，不准折叠、勾画、涂改、抽撕、拆卷，不准在查阅档案时抽烟、喝水。

七、对于外部人员借阅档案需经部门领导批示签字并填写借阅单后方可借出。

八、严禁携带易燃、易爆、腐蚀物品进入设备档案室，严禁在办公室、阅档室和库房内吸烟。

九、档案人员应热情接待借阅者。

十、对档案造成损失者，将视情节及档案价值，依照《中华人民共和国档案法》和其他有关法律、法规处理。

十一、本办法由党政办公室负责解释。

十二、本办法自发布之日起执行。

2022年4月10日

主要参考文献

著作：

［1］国家信息中心、中国信息协会：《中国信息年鉴》（年度出版物），《中国信息年鉴》期刊社.

［2］朱玉媛：档案学研究进展［M］.武汉大学出版社，2007年7月版.

［3］张照余：档案信息化理论与实践［M］.中国档案出版社，2007年12月版.

［4］王传宇 张斌.科技档案管理学［M］.中国人民大学出版社，2009年6月版.

［5］山东大学档案馆.山东大学档案管理制度［M］.济南：山东大学出版社，2001.

［6］阳嘉瑛，陈奇志.高等学校档案管理理论与实践［M］.成都：西南财经大学出版社，2009.

［7］韩秋黎.学校档案馆理论与实务［M］.上海：上海交通大学出版社，2010.

［8］王芝兰.高校档案规范化管理［M］.长沙：湖南师范大学出版社，2012.

［9］李扬新.档案公共服务政策研究［M］.上海：上海世界图书出版

公司，2011.

［10］阳嘉瑛，陈奇志.高等学校档案管理理论与实践［M］.成都：西南财经大学出版社，2009.

论文：

［1］杨冬权.智慧档案馆（室）——我国档案馆（室）建设的新方向［J］.中国档案，2020，（11）：68-74.

［2］余育才.“互联网+”背景下高校档案管理工作的对策［J］.湖北理工学院学报（人文社会科学出版），2018，35（06）：45-47.

［3］陈曦.试析我国高校档案管理的三个发展阶段［J］.黑龙江档案，2012（1）：68.

［4］张晓燕，陈震.论新时代高校档案管理服务模式的创新［J］. 河南教育，2008，（02）：30-31.

［5］张载梅.高校档案管理信息化研究［J］.科技风，2021，（04）：110-111.

［6］张言.高校档案管理信息系统建设对策分析［J］.黑龙江档案，2020，（06）：88-89.

［7］余子丹.大数据时代高校数字档案馆建设思路［J］.兰台世界，2018，（12）：50-53.

［8］杨伟龙. 运用4C营销策略构建高校档案宣传工作模式［J］.兰台世界，2015，（14）：6970.

［9］李晖.大数据时代高校档案精益化管理模式探究［J］.云南档案，2020，（12）：47-49.

［10］李伟利.高校档案信息资源数字化建设研究［J］.办公室业务，2017，（17）：39-40.

［11］莫家莉，史仕新.高校教学档案全面质量管理“全员参与”原则实施策略［J］.云南档案，2014（07）：48-50.

［12］黄贞偎.高校档案规章制度制定状况的调查研究［J］.档案学研究，2015（03）：67-69.

［13］倪丽娟.信息化背景下高校档案服务策略研究［J］.档案学通讯，2011（05）：92-94.

［14］梁孟华.基于全面质量管理的档案信息集成服务研究［J］.档案学通讯，2011（01）：94-98.

［15］温艳秋.高校档案管理质量保障体系建设探究［J］.兰台世界，2013（11）：73-74.

［16］詹艳辉.定性评价视域下高校档案质量管理的三个维度［J］.湖南广播电视大学学报，2014（02）：89-91.

［17］莫家莉，史仕新.档案全面质量管理的模式与机制探析［J］.山西档案，2014（03）：92-95.

［18］王文霞.基于ISO质量管理体系的高职院校档案管理探讨［J］.浙江档案，2014（03）：63.

［19］徐华.基于ISO9000的档案数字资源质量管理分析及术语释义［J］.档案学研究，2017（06）：39-44.

［20］王韶频.基于ISO 9000标准的高校档案工作质量管理和评估体系构建探析［J］.科技创新导报，2017（16）：210-211.

［21］朱晓红，纪庆晓.基于品牌文化视角提升高校档案服务质量［J］.兰台世界，2018（5）：46-48.

［22］于建华.谈档案工作者应具备的素质，黑龙江教育学院学报［J］.2008（7）：148-149.

［23］陈美琼.议高校档案管理人员的素质，赤峰学院学报［J］.2009（5）：168–169.

［24］冯晶.新世纪高校档案工作人员应具备的素质科技情报开发与经济［J］.2009（27）：155–156.

［25］ 徐敏.公共管理视角下的档案管理规范化问题［J］. 中外企业家，2015（15）：166–167.

［26］蓝皑珠.信息化背景下的高校档案服务策略分析［J］.科技创新导报，2014（35）：255–256.

［27］谭伟贞.新建地方本科院校档案队伍建设途径分析［J］.兰台世界，2016（12）：61–62.

［28］邓敏.文件生命周期理论与档案馆现行文件利用服务工作关系探析［J］.档案学通讯，2006（4）：35–37.

［29］韩静. 高校设备档案管理体系构建研究［J］.兰台内外，2022（10）：65–67.

［30］王咏梅. 高校设备档案管理存在的常见问题及对策［J］.档案工作，2020（02）：122–123.

［31］ 江群.论固定资产项目设备档案的管理 ［J］. 山西科技，2015，30（01）：23–26.

［32］ 方永梅 .简议高校设备仪器类固定资产档案管理 ［J］.湖南科技学院学报，2016，37（07）：111–113.

［33］ 袁晓波.浅谈高校仪器设备档案管理中的问题及建议［J］.城建档案，2016，（02）：60–61.

［34］刘静.高校设备档案管理存在的问题及对策 ［J］.实验室研究与探索，2015，34（11）：274–276.

［35］王玉平，王文君.高校仪器设备档案信息资源共享平台的建设与管理［J］.实验技术与管理，2015，32（09）：247–249+256.

［36］万琳.地方高校数字档案馆建设的困境与对策［J］.档案天地，2022（02）：46–48.

［37］晋晓辉.高校档案管理数字化及档案管理创新［J］.兰台世界，2021（11）：92–94.

［38］赵悦.简述高校档案开放利用的不足之处及发展对策［J］.内蒙古科技与经济，2020（13）：151–152.

［39］仲英涛."十四五"期间高校档案服务能力建设探析［J］.档案管理，2022（02）：115–116.

［40］岳蓓.大数据时代背景下高校档案管理模式的变革和优化［J］.中国新通信，2022，24（14）：37–39.

硕士、博士学位论文

［1］邓磊.高校档案利用服务质量模糊综合评判的研究［D］.大连海事大学，2012.

［2］李忱博.基于质量管理的企业文件档案工作研究［D］.中国人民大学，2014.

［3］张燕.基于PDCA理论的旅游企业绩效管理研究［D］.湘潭大学，2014.

［4］王金晶.高校档案管理的公共服务质量优化问题研究［D］.上海师范大学，2016.

［5］林秀.高校档案信息化管理问题及对策研究［D］. 福建师范大学，2017.

［6］徐丽娜.高校档案价值实现研究［D］. 黑龙江大学，2016.

[7] 陈书琴.新时代深圳市高校档案管理信息化建设研究 [D].陕西师范大学，2016.

[8] 靳一.高校档案管理工作研究 [D].东北大学，2014.

[9] 张博. 基于质量管理的高校档案管理流程研究—57所部属高校为对象 [D].山东大学，2020.

[10] 高寒. 高校学籍档案信息管理系统研究与实现 [D]. 南昌航空大学，2018.

[11] 高梦杰.高校档案信息化建设提升策略研究—基于河南省与江苏省高校的样本 [D].郑州大学，2021.

[12] 林秀. 高校档案信息化管理问题及对策研究—以福建省高校为例 [D].福建师范大学，2017.

文件

[1]《高等学校教学文件材料归档范围》（[87] 教办字016号）

[2]《普通高等学校档案管理办法》（国家教育委员会令第6号）

[3]《高等学校档案实体分类法》（教办 [1993] 429号）

[4]《高等学校档案工作规范》（教办 [1993] 429号）

[5]《高等学校档案部门业务建设规范》（1993年11月16日国家教育委员会发布）

[6]《高等学校档案实体分类法》（DA/T 10—94）

[7]《2003—2007年教育振兴行动计划》（国发 [2004] 5号）

[8]《高等学校档案管理办法》（中华人民共和国教育部、国家档案局令第27号）

[9]《“十四五”全国档案事业发展规划》（中共中央办公厅、国务院办公厅）